为什么
精英这样沟通
最高效

[日]桦泽紫苑◎著　郭　勇◎译

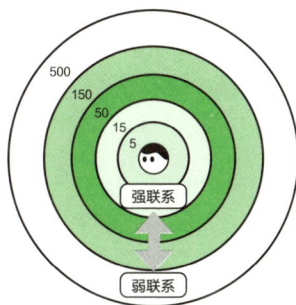

CTS
中南出版传媒
湖南文艺出版社
HUNAN LITERATURE AND ART PUBLISHING HOUSE

博集天卷
CS-BOOKY

人如果无法有效沟通，
就不可能在工作和生活中获得成功。

前　言

你认为自己成长的关键在哪里？

"我想准确地表达自己的想法。"

"我想提高自己的谈判和营销能力。"

"我希望自己才思如泉涌，总能想出超群的点子。"

"我想让自己在学习和工作中的努力，都变成现实成果。"

我确信，抱有类似想法的朋友，一定不在少数吧。

实际上，有不少朋友读了很多书，听了很多讲座，总之就是拼命地往大脑里"输入"知识。可是，如果沟通中不会"输出"或者"输出"方法不正确的话，也难以实现自我成长。

为什么会发生这种情况呢？这是由我们人类大脑的构造所决定的。

有能力的人，非常重视输出

在这里，我敢断言：不管在什么领域，只要是能够不断创造出重大成果的人，他们对沟通输出的重视程度，绝对高于输入。

只是单纯地向大脑中输入知识，并不能改变现实。

只要有所输入，就一定要以某种形式进行输出（沟通）。事实上，当我们在"使用"某种知识的时候，大脑会把这种知识认定为"重要信息"，并将其作为"长期记忆"存储在大脑中，以便日后在现实中发挥重要作用。这样一个过程，是我们大脑运转的基本流程，也是人类脑科学中的一个重要法则。

不了解我们大脑的基本构造和运转原理，就会浪费掉宝贵的时间，遭受难以计数的损失。

有人会说："我上小学、中学的时候，只要读一遍课本，就能把上面的知识全记下来。"可是，我们的大脑像海绵吸水一样吸收知识的情况，只会发生在 20 岁以前。

人一过 20 岁，大脑中神经网络的爆发性发育就结束了。此时，如果不能及时切换学习方式，把输入为主变成沟通输出为主的话，那么再学到的知识很快就会被忘记，根本不能给我们带来进步。

根据我的调查，大约有九成商务人士的学习方法或工作方法以输入为中心。用我的话说，他们的学习、工作效率相当低下。约有九成的人在浪费宝贵的时间和精力。很多人说"我不善于沟通输出"，我觉得这只是一个不愿动脑的借口。

唯有沟通输出，才能改变人生

对不起，刚才忘记介绍自己了。我叫桦泽紫苑，是一名神经科医生。我还有另外一个身份——作家，目前为止，我已经出版了 28 部作品。

我每个月要读书 20 本以上，而且一坚持就是 30 多年。可以说，这已经是一个相当惊人的知识输入量了。可尽管如此，有段时间我还是感觉到成长的瓶颈，"不管往自己大脑里灌输多少知识，都难以进步了"。

从那时开始，我便有意识地强化沟通输出，直到今天。

下面给大家介绍一下我的一部分沟通输出形式：

每天在网络杂志上发表文章　连续 13 年

每天更新自己的 Facebook（脸书）　连续 8 年

每天更新自己的 YouTube（优兔）　连续 5 年

每天写作 3 小时以上　连续 11 年

每年出版 2~3 本新书　连续 10 年

自己新书的讲座，每月举办两场以上　连续 9 年

关于我自己的沟通输出方法，将会在后面的章节中详细给大家讲解，但从结果来说，这样的生活让我每天都能感觉到自己飞跃性的成长。

我创作的一本书——《过目不忘的读书法》成为销量 15 万册的畅销书。另外，所有作品的累计销量已经达到了 50 万册。

看到我如此之大的输出量，肯定有朋友会问："你每天干那么多事，还有时间睡觉吗？"我可以负责任地告诉您，我每天都能保证 7 小时以上的睡眠时间。

不仅如此，

我基本每天 18 点以后就不再工作了

每月至少看 10 部电影

每月读书 20 本以上

每周去健身房锻炼 4~5 次

每月至少参加 10 次聚会欢饮

每年海外旅行 30 天以上

个人推测，我的休闲、玩乐时间是普通人的三倍以上。

为什么会出现这么大的差距？因为我在沟通输出方法上狠下功夫，协调了沟通输入与输出的比例，使其达到科学的平衡。于是，我的学习和自我成长效率飞速提高，从而为我节约出大量的时间用来享受生活。

人生，要靠沟通输出来改变！

只要学会把工作、学习的重心切换到沟通输出上来，您也可以实现飞跃式的成长，发挥出用之不尽的能力！

作为"日本第一沟通输出大师的神经科医生"，我积累了数万小时的"沟通输出经验"，并在此基础上创造了一套独特的"沟通输出之术"。

在这本书里，我将把自己在沟通输出方面的经验毫无保留地告诉您！

，

高效沟通不仅可以改善人际问题，

更能将人与人的力量"相乘"。

○

目录
CONTENTS

第一章 沟通输出的基本法则
RULES

什么是沟通输出？沟通输出的定义 ———————————— 002
"现实"只有靠沟通输出来改变

自我成长与沟通输出的关系 ———————————————— 004
成长曲线由沟通输出的量决定

沟通输出是一种"运动" ————————————————————— 006
用身体学习的"运动性记忆"，是将记忆长期固定的关键

沟通输出的基本法则 1 ——————————————————————— 008
两周内使用三次的信息，将成为长期记忆保存在大脑中

沟通输出的基本法则 2 ——————————————————————— 010
输入与输出的循环——"成长的螺旋阶梯"

沟通输出的基本法则 3 ——————————————————————— 012
输入与输出的黄金比例应该是 3∶7

沟通输出的基本法则 4 ——————————————————————— 014
沟通输出的结果需要反馈，以指导接下来的输入

反馈的四种有效方法 ——————————————————————— 016
把"成果"和"成长"联系起来的步骤

沟通输出的六大好处 ——————————————————————— 020
让人生变得更加快乐、更加丰富多彩

第二章 有科学佐证的沟通话术
TALK

01 说 1 ——————————————————————————————————— 024
把昨天发生的事情讲出来，也是一种很好的输出方式

02 说 2 ——————————————————————————————————— 026
多用正能量的语言，人生就会变幸福

03 说 3 ——————————————————————————————————— 028
说坏话是消极人生的开始

04 沟通 1 ——————————————————————— 030
外表和态度，有时比嘴还管用

05 用眼睛交流 —————————————————————— 032
我们的眼睛"能说会道"，眼睛是传达"思想""感情"的重要器官

06 沟通 2 ——————————————————————— 036
既能准确传达意思又能缓和气氛的"缓冲说话法"

07 打招呼 ———————————————————————— 040
打招呼是"认可你"的信号

08 闲谈 ————————————————————————— 042
与其"聊得久"，不如"经常聊"

09 提问 1 ——————————————————————— 044
开始前的提问，将决定学习的方向

10 提问 2 ——————————————————————— 046
"恰当的提问"把讨论引向更深的层次

11 请求 ————————————————————————— 048
"Give and Take"不如"Give and Give"

12 拒绝 1 ——————————————————————— 050
为了优先做自己"真正想做的事情"

13 拒绝 2 ——————————————————————— 052
以"人生的先后顺序"为绝对标准，据此判断是否拒绝

14 当众演讲 —————————————————————— 054
把紧张变成伙伴，就能大幅提升自己的能力

15 辩论 ————————————————————————— 056
您只需要认真准备和一点点勇气

16 倾诉 ————————————————————————— 060
只是把心里话讲出来，人就会轻松很多

17 联系 ————————————————————————— 062
和 15 个人建立深厚的关系

18 表扬 1 ——————————————————————— 064
表扬使人成长

19 表扬 2 ——————————————————————— 066
高明的"表扬方法"，不会让对方得意忘形

20 批评 1 —————————————————————— 070
发怒是为自己，批评才是为了别人

21 批评 2 —————————————————————— 072
没有信任关系的话，批评只会起到反作用

22 道歉 —————————————————————— 074
"道歉"并不等于"失败"

23 解说 1 —————————————————————— 076
从"含义记忆"转变为"情节记忆"

24 解说 2 —————————————————————— 078
"自信大方的态度"＋"准确的依据"

25 敞开心扉 —————————————————————— 080
说出真心话，让人际关系更深入

26 自我介绍 —————————————————————— 082
自我介绍要准备"30 秒""60 秒"两种方案

27 营销 1 —————————————————————— 086
不是"推销商品"而是"传递价值"

28 营销 2 —————————————————————— 088
当"价值＞价格"的时候，商品就会畅销

29 感谢 —————————————————————— 090
让一切顺利发展的魔法语言——"谢谢"

30 打电话 —————————————————————— 092
非常时刻，可以发挥最大效力的通信工具

第三章 将能力发挥到最大限度的各种"写"
WRITE

31 写 —————————————————————— 098
越写大脑越聪明

32 手写 —————————————————————— 100
手写比打字效果更好

33 标注 —————————————————————— 102
密密麻麻的标注，是我们学习的轨迹

34 记录 —————————————————————— 104
趁着还没遗忘，把大脑中的信息像拍照片一样保存下来

35 涂鸦 —————————————————————— 106
涂鸦竟然有"提高记忆力"的惊人效果

36 写清单 —————————————————————— 108
我们的大脑同时最多只能处理三件事情

37 怎样写出好文章 ————————————————— 110
"多读、多写"，除此之外别无他法

38 快速写出好文章的方法 ——————————————— 112
"设计图"做得好，写作速度可以提高两倍

39 快速打字 ————————————————————— 114
快速打字的技巧

40 制作 TO DO 清单 ———————————————— 118
这是我一天中最重要的工作，也是我早晨的第一项工作

41 瞬间抓住灵感的火花 ———————————————— 122
不想错过闪现的创意，成败只有 30 秒

42 灵感闪现 1 ————————————————————— 124
放松，才是创意的温床

43 发呆 ——————————————————————— 126
"发呆"竟然可以提高大脑的活力

44 灵感闪现 2 ————————————————————— 128
产生最美妙的灵感需要四个步骤

45 写卡片 —————————————————————— 130
要产生一个好创意，平均需要写 100 张卡片

46 做笔记 —————————————————————— 134
思考的轨迹，全都保存在一个笔记本上

47 对思路进行整理 ————————————————— 138
先用笔把创意写在纸上

48 制作演示幻灯片 ————————————————— 140
在打开 PPT 软件之前，先把思路整理好

49 白板的妙用 ——————————————————— 144
在交流意见的场合，白板是最佳工具

50 引用 1 ———————————————— 146
"引用"可以让我们的话具有压倒性的说服力

51 引用 2 ———————————————— 148
使用专业工具寻找引用源

52 总结 ———————————————— 150
用 140 字练习"总结能力"="思考能力"

53 把目标写出来 ———————————— 152
设定一个具体的"可实现的目标"

54 实现目标 ———————————————— 156
把目标印在大脑中,并向世人大声宣布出来

55 写策划书 ———————————————— 158
平日注意收集写策划书可用的素材

56 插图的妙用 —————————————— 162
"语言 + 插图"比"语言"讲得更清楚

57 发送电子邮件 ———————————— 164
早晨收发电子邮件的时间控制在 5 分钟以内

58 开心地写 ———————————————— 168
为了更好地自我成长,在"武器"上要舍得投资

59 解题 ———————————————————— 170
三分"背诵":七分"解题",是学习的黄金比例

第四章 精英人士的行动力
DO

60 行动起来 ———————————————— 174
把"自我满足"变成"自我成长"

61 坚持不懈 ———————————————— 176
成功的终极法则是坚持不懈

62 教授别人 1 —————————————— 180
实现自我成长最有效的输出方法

63 教授别人 2 —————————————— 182
为了教授别人,自己要变得更强

64 集中专注力 ———————————————— 184
人类的大脑无法实现"多任务运行"

65 挑战自我 1 ———————————————— 186
没有挑战就没有成长

66 挑战自我 2 ———————————————— 188
让"通过努力可以实现"的状态不断重复出现

67 不管怎样，先做起来再说 —————————— 190
开始 5 分钟后，干劲就源源不断地涌出来了

68 试试看 ———————————————————— 192
不敢尝试，人生永远原地踏步

69 感受快乐 ———————————————————— 194
"快乐"可以提升记忆力和动力

70 做决定 ———————————————————— 196
5 秒内做出决定，就选那个令我们"跃跃欲试"的选项

71 用语言"排毒" —————————————————— 198
痛苦的事情，一吐为快

72 降低门槛，完成工作 —————————————— 200
先做出"30 分的半成品"，再花时间把它打磨成 100 分的成品

73 领导能力 ———————————————————— 202
不以"目标"压迫人，而用"愿景"鼓舞人

74 笑 —————————————————————————— 204
做出一副笑容，10 秒钟后就会真的开心起来

75 哭 —————————————————————————— 206
哭泣具有发散压力的效果

76 控制"愤怒" —————————————————— 208
愤怒的情绪不该乱发泄，而应该疏导

77 睡眠 ———————————————————————— 210
工作成绩不佳，有可能是睡眠不足的错

78 运动 ———————————————————————— 212
每周两次，每次一小时的有氧运动，可以充分激发大脑的活力

79 风险管理 ———————————————————— 214
尽量消灭"失误事件"

80　时间管理 ——————————————————— **216**
灵活运用每天 15 分钟的"空闲时间"

第五章　提高沟通输出能力的七种训练方法
TRAINING

其一　写日记 ———————————————————— **224**
最简单、最好的输出训练方法

其二　记录健康状况 ——————————————— **230**
每天记录"体重""心情""睡眠时间"

其三　写读后感 ————————————————— **232**
读过一本书后，一定要写读后感

其四　在网上发表文章 ——————————————— **238**
在网上发表文章，好处总比坏处多

其五　在社交媒体发表信息 ————————————— **242**
在网上发表见解的第一步，是在朋友圈里发文章

其六　写博客 ———————————————————— **246**
成为"人气博主"的三个秘诀

其七　围绕兴趣爱好写文章 ————————————— **250**
自己最热衷的爱好，写成文章最能打动人

后记 ——————————————————————————— **252**

THE POWER OF
OUTPUT

第一章
CHAPTER 1

沟通输出的基本法则
RULES

什么是沟通输出？沟通输出的定义
What is Output？

"现实"只有靠沟通输出来改变

本书主要为读者朋友们介绍学习、沟通中输出的重要性、具体的输出方法，以及将沟通输出与自我成长联系起来的具体实施方法。

可是，输出到底是什么意思呢？我们在生活中经常会用到"输入""输出"这两个词，可它们在学习、沟通的过程中代表什么意思呢？

在学习、沟通的领域，"输入"是指把信息传输到大脑中，即"input"。"输出"是指将输入大脑的信息进行处理，然后再以某种形式向外界表达出来的过程，即"output"。

具体讲，**"读""听"属于输入，"说""写""行动"则属于输出**。

读书，是输入。读完后把感想说给朋友听，这就是输出了。如果写一篇读后感，那也是一种输出。根据书中的内容，指导自己的行为，就更是输出了。

以学习为例的话，读教科书是输入。做练习题、参加考试，就是输出。把学到的知识讲给朋友听，帮没听懂的同学讲解，都是输出。

通过输入，可以充实我们大脑里的信息和知识。但是，只有输入的话，不会给现实带来任何改变。

而另一方面，沟通输出是一种"行动"。只有当我们沟通输出的时候，才会对现实世界带来影响和改变。

即使一个人读了很多很多本书，但只要不沟通输出的话，他在现实世界中的生活就不会有任何改变。

输入只会引起"脑内世界"的变化。**只有开始沟通输出，才能改变身边的"现实世界"**。

输出到底是什么意思?

输入 =input

输出 =output

读

说

听

写
Blog（博客）

行动
约了 × × × 谈事情!

↓
改变"脑内世界"

↓
改变"现实世界"

如果您想改变自己眼前的现实状况，请多说、多写、多行动！

自我成长与沟通输出的关系
Relationship Between Self-growth and Output

成长曲线由沟通输出的量决定

我先请您思考一个问题，假设，一个人每月读 3 本书，另一个人每月读 10 本书，您认为哪个人的成长更快？估计大多数朋友都会说："肯定是读书多的人成长更快，因为他们获得了更多的知识。"

我非常遗憾地告诉您，事实并非您想象的那样。输入的量和自我成长是不成正比的。在自我成长过程中，**最重要的并不是输入的量，而是沟通输出的量**。

比如，一个人虽然每月只读 3 本书，但他沟通输出的量也是 3 本书；另一个人虽然每月读 10 本书，但他的沟通输出量只有一本书。这两个人哪个成长快？当然是**"每月读 3 本，输出 3 本"**的那个人。因为他的沟通输出量大。

我为什么这么说？因为不管输入多少，只要不进行相应沟通输出的话，就无法作为长期记忆留在大脑中。

有的朋友说："我读书很仔细的，读完一般都不会忘记。"检验他是否忘记，有一个简单的方法。找一本他读过的书，请他用 5 分钟时间讲解该书的内容。如果他能准确地用 5 分钟时间把这本书的大意讲出来，那就说明他真的记住了书中的内容。书中的知识已经成为长期记忆固定在他的大脑中，而且成为他成长的食粮。

如果 5 分钟内无法讲清楚，就说明他对那本书里的知识没记住多少。虽然读过那本书，然而并没有什么用。

我曾经做过一个实验。在日本有一本销售量达到 170 万册的超级畅销书——《被讨厌的勇气》。我找了 30 位曾经读过这本书的朋友，问他们一个问题："这本书介绍的是阿德勒心理学，您觉得阿德勒心理学是怎样一种心理学？"结果，能够给出准确回答的朋友只有 3 人。仅占30 人的一成。而大部分人在听到我的问题之后，都是："这个嘛……"然后便语塞，没有下文了。

　　由此可见，在我们的生活中，有九成的人看了书、上了课，觉得自己"知道了""懂了"，但并没有把学到的知识真正记下来。换句话说，大部分人都只停留在输入的"自我满足感"中。最后，我的结论是，**"自我成长"与输入量不成正比，和沟通输出量成正比**。

哪种方式成长更快？

每月读 3 本书

每月读 10 本书

读 3 本书后，
沟通输出量也是 3 本

读 10 本书后，沟通输出
量几乎为零

这本书很有意思！
它讲的是……

自我成长加速

基本上没变化

把学到的知识进行输出，
抱着使用的目的去学习。

沟通输出是一种"运动"
Output is Exercise

用身体学习的"运动性记忆"，
是将记忆长期固定的关键

"读""听"是输入，"说""写""行动"则是沟通输出。输入与沟通输出的最大差异，一言以蔽之，沟通输出属于"运动"。

当人进行沟通输出的时候，我们的大脑会通过运动神经指挥肌肉做出动作。"写"的时候，手臂和手指肌肉会动；"说"的时候，口腔、喉部肌肉会动；"行动"的时候，则要用到全身各处的肌肉。由此可见，不管哪一种沟通输出，都要用到运动神经和肌肉。

"写""说""行动"等使用运动神经和肌肉所形成的记忆，被称为"运动性记忆"。运动性记忆的一大特征是一旦记住，以后几乎不会忘记。举个例子，您会骑自行车，因为某种原因三年没有骑了，当您再次推出自行车的时候，照样骑得很好。

肌肉和肌腱运动的时候，神经会把运动产生的信号经由小脑、海马体，存储在大脑皮质中。因为这个过程有小脑、海马体的参与，神经路径极其复杂，动用了众多神经细胞，所以更容易被我们记住。

用身体记忆，想忘记都难

骑自行车

打篮球 ---- 运动（肌肉）的身体

| interesting |
| library |
| breakfast |

英语单词

| 蔷薇 |
| 忧郁 |
| 贝壳 |

汉字

通过说、写进行记忆

运动性记忆

所以，运动性记忆一旦记住，就不会忘记了。

通常情况下，很多朋友在学习的时候都会采取看着书"默记"的形式进行记忆。"默记"是一种"意义记忆"，它的特征就是不容易长期牢记，很快忘记。

相比之下，"**通过书写来记忆**""**出声朗读来记忆**"等"运动性记忆"更容易形成长期记忆。

以记忆汉字和英语单词为例，不要总是停留在用心默记的程度，哪怕只是读一读、动手写一写，也可以形成"运动性记忆"，更有利于我们用身体记住那些汉字和英语单词。

"apple、苹果"，不管在心里默读多少遍，都不容易记住这个单词如何拼写。如果能够出声朗读"apple、苹果"，同时用笔把它写在纸上，反复 10 次、20 次之后，您就能牢固地记住这个单词。

"写""说""行动"，通过"运动性记忆"来学习，才能真正地用我们的身体来记忆。换句话说，这个过程就实现了我们自身的成长。

默读

apple
苹果

意义记忆 ➡ 不容易记住
快速遗忘

出声朗读、动笔书写

apple 苹果
apple 苹果
apple 苹果
……

运动性
记忆 ➡ 容易记忆
很难忘记

学习的时候，不要只用眼睛看，
还要出声读出来，动笔写下来。

沟通输出的基本法则 1
The Basic Rules of Output

两周内使用三次的信息，将成为长期记忆保存在大脑中

请问您记得上个月的今天中午吃的什么午餐吗？如果那天不是一个特别的日子，恐怕没有人会记得当时吃了什么。但是三天前的午餐呢？相信大多数朋友都记得吧。

为什么人能记住三天前的事情，却记不住一个月前的事情呢？另外，为了防止发生这样的情况，让自己把过去的事情记得更清楚，怎么做才好呢？

我们人类大脑的记忆机制决定，"重要信息"会被当作长期记忆保存下来，而"不重要的信息"则容易忘记。但什么才是判断一种信息重要与否的标准呢？输入大脑之后，被反复使用的信息，就会被我们的大脑判断为"重要信息"。

反过来说，一种信息被输入大脑之后，如果**不被反复使用的话，就容易被忘记**。

输入我们大脑的信息，会被临时保存在**一个叫作"海马体"**的部位。这个临时保存时间为 2~4 周。在信息被临时保存在海马体期间，如果我们反复使用了这个信息，大脑就会判断这个信息是"**重要信息**"，然后将其转移到大脑的"颞叶"，作为长期记忆加以保存。

海马体与颞叶

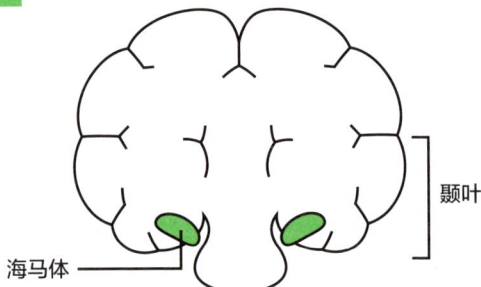

颞叶

海马体

　　一旦信息被存储到颞叶之后，就会变成长期记忆，不会轻易被遗忘了。这个过程有点像便利店的收款过程。首先，收银员把顾客支付的现金暂时保存在收银机里，每天下班时再把收银机里的现金存入店里的保险柜。

　　那怎么才算反复、多次使用已经输入的信息呢？作为一个简单的标准，应该**在信息输入大脑后的两周内，要对该信息进行三次以上的沟通输出**，也就是使用它三次以上。那么这个信息就不容易被忘记了。您可以回忆一下自己上学时的情景，想必不管是您自己还是您的同学，没有谁遇到一个陌生的英语单词，背一次就永远记住了。背诵一次之后，至少还要经过三次以上的复习才能比较长久地记住它。

　　所谓"使用信息"，就是沟通输出，说也行、写也行。经过反复输出，它就会变成你"大脑的一部分"被永久记忆下来。

大脑记忆的过程

海马体是"暂时存储信息的场所"→ 2~4 周

＜说＞ 根据那本书讲的原理，这个问题应该……

＜写＞

博客

输出

两周内使用三次的信息 ＝ 重要信息

就像便利店店员下班时把现金从"收银机"转移到"保险柜"

颞叶是"长期存储信息的保险柜"→长期记忆

在两周内通过"说""写"等沟通输出方式，使用一个信息三次以上，这个信息就会变成我们的长期记忆。

沟通输出的基本法则 2
The Basic Rules of Output

输入与输出的循环——"成长的螺旋阶梯"

读了前面一节您应该明白，我们通过反复沟通输出，将信息长期留在记忆中，使其成为自己的知识，从而实现自我成长。但是，为了进行沟通输出，首先必须输入。我们该怎样理解沟通输出与输入二者之间的关系呢？

首先是输入信息，然后才有可能沟通输出信息。沟通输出之后，再输入新的信息。通过**不断重复输入、输出这个过程**，人也渐渐成长起来。

虽说输入与输出是一个循环往复的过程，但它并不像一个圆圈一样原地打转。因为经历每一个输入、输出的循环之后，人都会有所进步、有所提高。

每一个循环都使人提高一点，那不断循环下去，您能想象人的变化会呈现怎样一个轨迹吗？没错！就像一个螺旋阶梯，不断旋转着上升。

所以，我把输入、输出的循环往复，称为**"成长的螺旋阶梯法则"**。我认为这是最基本也是最终极的"学习方法"，更是完美的"自我成长法则"。

著名作家立花隆曾说："源源不断输入的知识，使人形成一个丰富多彩又充满个性的精神世界，而这个丰满的精神世界，又是输出的土壤。"所以可以说，**输入与输出的循环往复，是精神创造活动的主线**。

脑科学家茂木健一郎有一部著作——《大脑活用工作术》。这本书的精髓也是强调**输入与输出这个循环的重要性**。他在书中说："高效的工作方法其实并没有什么复杂的，只是人在愉悦的心情下，'大脑的输入与输出不断循环起来'而已。"

您要想不断自我成长的话，就请往大脑里输入信息，然后再将其输出，随后不断重复这个过程就行了。

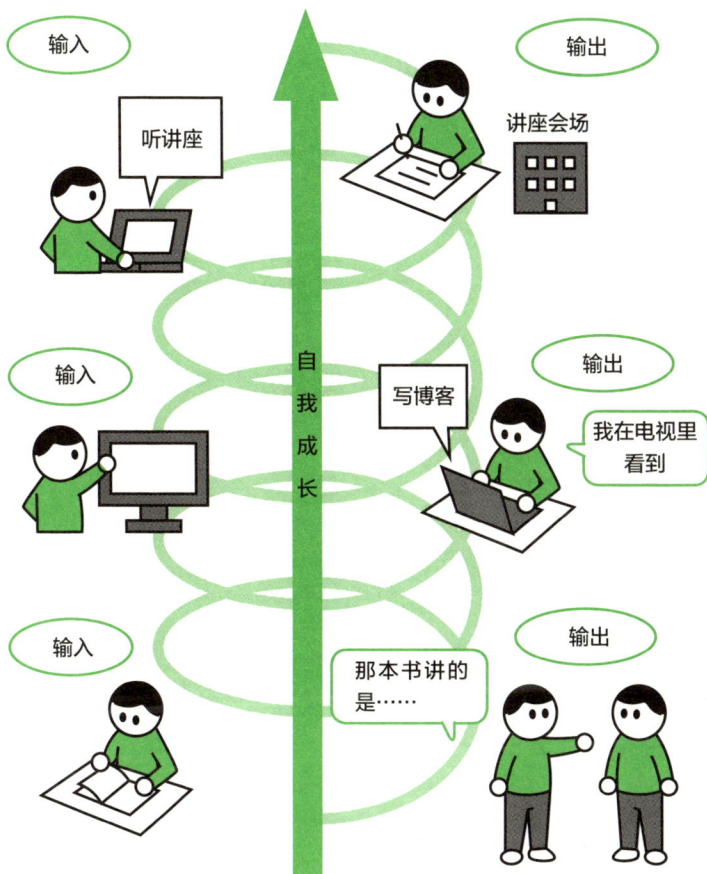

自我成长的螺旋阶梯

"输入"与"输出"的循环不断重复

输入 —— 听讲座

输出 —— 讲座会场

自我成长

输入

输出 —— 写博客 —— 我在电视里看到

输入

输出 —— 那本书讲的是…… ——

输入必须得和输出配合起来才有现实意义。

沟通输出的基本法则 3
The Basic Rules of Output

输入与输出的黄金比例应该是 3：7

您觉得输入与输出最有效的搭配比例应该是几比几呢？

曾有研究者对大学生进行了一项调查。调查的内容是大学生在学习的过程中"输入"（读教科书）与"输出"（做练习题）所花费的时间比例是多少。结果，**输入与输出的平均比例为 7：3**。

另外，我对听我讲座的 88 名听众（已经工作的人士）也进行过类似的调查，结果他们输入与输出的比例大约为 7.1：2.9。也差不多是 7：3 的比例。从另外的角度统计，输出比例占 40% 以下的人，占全体人数的 88%。由此可见，大多数人的学习都是以输入为中心的。

也就是说，不管是在校学生，还是已经工作的成年人，都把输入当作了学习的中心，而忽视了输出的作用。

美国哥伦比亚大学的心理学家亚瑟·盖茨博士曾经做过一个意味深长的实验。

盖茨博士以 100 名小学三年级至初中二年级的学生为实验对象，让他们背诵《绅士录》中记载的人物的简介。他给孩子们的时间是 9 分钟。但孩子们被分成若干组，每组的"背诵时间"（输入）和"练习时间"（输出）的比例是不一样的。

结果，"背诵时间"占 40% 的组，记忆成绩最好。而年纪稍大的学生组比年纪小的组花费的"背诵时间"更短。"背诵时间"只占 30% 的大龄学生组，最后的背诵成绩最高。

由此可见，在学习过程中，输出比例应该安排在六成到七成之间（初学者用六成时间输出，熟练者可以用七成时间输出），将会收到最佳的学习效果。

现实中的很多人正在"输入过剩，同时输出不足"的泥淖中挣扎。这也正是很多人"明明很用功学习，成绩却不见提高"的真正原因。我认为，输入与输出的黄金比例应该是3：7。在学习的过程中，如果您输入了一小时的话，那至少要用两小时来输出。

输入时间＜输出时间，是自我成长的关键

几乎所有人都是输入过剩

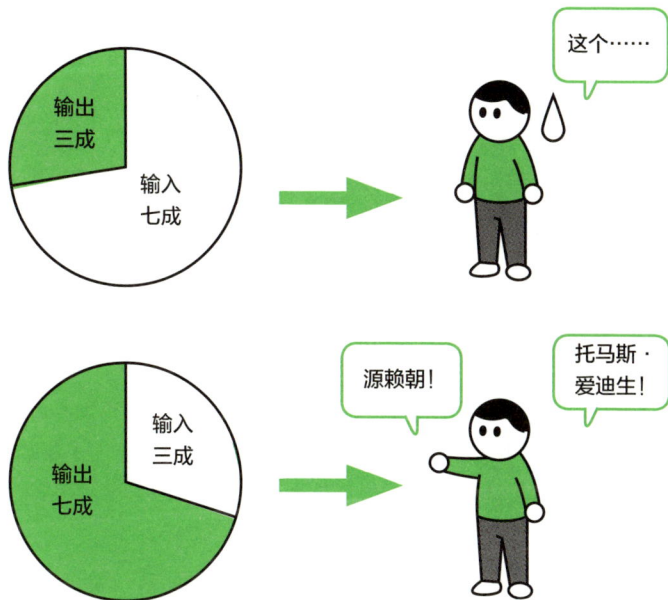

输出
三成

输入
七成

这个……

源赖朝！

托马斯·
爱迪生！

输入
三成

输出
七成

输入与输出的黄金比例是3：7

与其花大量时间闷头读教科书，
不如多花点时间做练习题。

沟通输出的基本法则 4
The Basic Rules of Output

沟通输出的结果需要反馈，以指导接下来的输入

通过前面的介绍我们已经知道，输入和输出有机结合的循环往复，可以帮助我们实现飞跃性的自我成长。但也有一些朋友跟我反映："输入也输入了，输出也输出了，可为什么我觉得自己一点也没有进步呢？"这到底是哪里出了问题呢？这是因为**输出和输入之间缺少了一个反馈环节**。

"输入和输出有机结合的循环往复，可以帮助我们实现飞跃性的自我成长"，话虽这么说，但实际上在输出之后、下一次输入之前，还有一个关键环节必不可少。那便是"反馈"。

所谓反馈，就是对输出的结果进行评价，**根据这个评价，对下一次的输入加以调整、修正。**审视、反省、改善、修正方向、微调、查明原因，都属于反馈的过程。

具体来讲，就是当我们采取某种行动（输出）之后，如果失败了，就要分析原因，总结教训，为了找到对策再进行学习（输入）；如果成功了，也要好好总结经验，并在此基础上进一步探索（输入）新的方法，以便下一次进行更大的挑战。

什么是反馈?

审视　　反省

改善　　修正方向

微调　　查明原因

通过反馈，我们可以改正以前的错误、修正前进的方向、吸取教训、积累经验，这样一来，我们肯定会比以前有进步，这就是自我成长。在输出之后，如果没有反馈，那么不管接下来再怎么努力，都只能原地打转。成长的螺旋阶梯变成了在一个平面内不停"画圆"，人当然不能提高、不会成长。

举个实际生活中的例子，大家都上过学，肯定都考过试。您当年读书时，面对考试中的错题，您是怎么处理的呢？学习认真、成绩好的孩子，一定会分析错题的原因，然后反复复习相关知识点，弥补自己的弱点，保证下次不会再犯同样的错误。

而学习态度不认真的孩子，考完试就把试卷丢一边去了，根本不会反思自己为什么做错题。结果，下次考试时还会犯类似的错误。可想而知，这样的孩子成绩很难提高。

我打一个不太文雅的比方，输出之后不进行反馈，就像上完厕所不冲水一样，虽然"输出"了，却没有得到好结果。我们**要让输出发挥它的作用，要把它和成长进步联系起来**。

自我成长中不可或缺的"反馈"

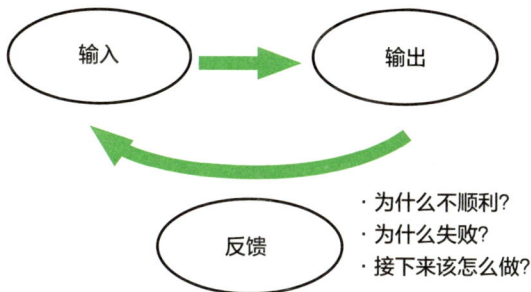

输入 → 输出

反馈

· 为什么不顺利？
· 为什么失败？
· 接下来该怎么做？

成功的时候也好，失败的时候也罢，都要好好思考背后的"原因"。

反馈的四种有效方法
Four Effective Ways of Feedback

把"成果"和"成长"联系起来的步骤

没有反馈习惯的人，做完一件事情之后不知道该反省什么，不去想接下来该做些什么，根本没有方向性可言。

为了不成为上述"盲目"的人，我们应该时刻把"反馈"记在心头。但具体该怎么做呢？下面就给您介绍反馈的四种有效方法。我认为，这也是四种有力的武器。

（1）扬长避短

人在成长的道路上，有两个方向，一是"**克服缺点**"，二是"**发扬优点**"。也就是说，要么克服自己的缺点、短板、不擅长的领域，要么把优点、长处、擅长的领域磨炼得更加厉害。

读书的时候，遇到"无法理解的地方"，可以反复读，也可以上网查阅，还可以查阅其他参考书籍把不懂的地方弄懂，这就是"克服缺点"。另一方面，读书的时候，遇到"有趣的地方""有用的知识"，把它们付诸实践，或者为了更加深入了解这些知识而上网查阅、阅读其他相关书籍，这都是"发扬优点"。在做练习题集的时候，如果做对了一道题，进而挑战更难的题目，这也是"发扬优点"。如果做错了，查明出错原因，回过头来再读教科书上相关的基础知识，就是"克服缺点"。

对学习成绩不太好的朋友来说，可以**优先考虑"发扬优点"，借此建立自信**。体会到学习的"乐趣"非常重要。

发扬优点与克服缺点

练习题集

正确 ➡ **挑战更难的题目**
发扬优点

错误 ➡ **找到出错原因，再读教科书，夯实基础知识**
克服缺点

而基础不错的朋友，想要收获更大成果的时候，应该更关注"克服缺点"。不过，"克服缺点"需要较大的定力，也要花费较多的时间，所以更适合"进阶型选手"，而不太适合"入门级选手"。

（2）广度和深度

在学习的过程中，还有两个方向就是"广度"和"深度"。

对入门级学习者来说，更应该注重学习的"广度"。也就是粗浅地、宽泛地学习。因为涉猎面比较广，才能发现哪些知识是自己更感兴趣、更擅长的。当发现能够激发自身好奇心的知识后，再考虑朝这个方向"深度"钻研。

举例来说，有朋友读过拙作《过目不忘的读书法》之后，在考虑接下来该读什么书的时候，不妨在同一个领域拓宽视野，找一找其他作者关于读书术的书籍。比如神田昌典先生和斋藤孝先生关于读书术的著作。

而当您想进一步深入了解我桦泽紫苑的学习方法时，除了《过目不忘的读书法》，还可以读一读我关于全面学习的《学习的精进》一书。

当您不知该怎么学习的时候，可以**先从"广度"和"深度"两个方向来分析，结合自己当前的状况，很容易就能判断出自己是该广泛学习还是深入学习**。

学习的两个坐标轴

广度
例：学习很多人的读书方法

深度
例：学习一个人的读书方法 + 学习方法

（3）解决"为什么"

在学习的输入、输出过程中，人肯定会产生"疑问"。"为什么是这样的？""为什么进展不顺利？"对于这些"为什么"万万不可置之不理。**找到了"为什么"的答案，便能看清前路的方向**。解决了"为什么"，人也就成长了。

在学习的过程中，当您遇到疑问的时候，我建议您首先上网查找答案，或者参考其他书籍，深入研究这方面的知识。能够自己解决问题的人，成长的速度会非常快。而不会自己解决问题的人，总是在同一个水平面上来回打转，无法实现"升级"。

我希望大家都养成遇到"为什么"，立刻就把它解决掉的习惯。决不能对"为什么"视而不见，否则的话，久而久之堆积太多的"为什么"，就会像绊脚石一样挡在您前进的道路上。

（4）向"高人"请教

前面讲过反馈的重要性，我认为最有效的反馈方法，是从"高人"那里得到意见和建议。老师、前辈、上司、专家、教练、导演、顾问、导师……那些比自己知识渊博、经验丰富的人，都是"高人"。**我们的输出如果能够得到他们的意见和建议，将有助于我们看清自己的缺点、弱项**。这样我们便可以更有针对性地克服缺点，实现快速的自我成长。

向"高人"请教也是有技巧的，不是想到什么就问什么。首先应该把疑问、问题点梳理一下，自己先在大脑中深入思考一遍，想一想该怎么向"高人"提问。

输出之后

为什么？ 怎么会这样？

产生疑问

解决

新认识 = 成长

越是善于解决心中疑问的人，越容易从"高人"那儿请教到高质量的意见和建议。因为他们的提问方式很高超，能问到点子上。如果只是围绕自己的疑问泛泛地问一些简单的问题，那也只能得到一些最基本的回答，对自己的成长进步并没有太大帮助。

另外，平时我们就要注意建立广泛的人脉关系，多和"高人"交往，当遇到"疑问"的时候才能找到指导我们的人。

输入、输出之后，一定要对结果进行审视，这个反馈的环节一定不能忽视。我甚至建议大家把反馈当作一种习惯，日常生活中的任何行为都要产生反馈，每天都要进行反馈。

输出后，根据反馈的信息，我们可以对前进的方向加以修正，对方式方法进行调整，然后再有针对性地进行输入。对于以前的行为，只要能够把握哪些是"成功的点"，哪些是"失败的点"，自然就能看清"接下来该做什么"。

向比自己知识渊博、经验丰富的"高人"请教

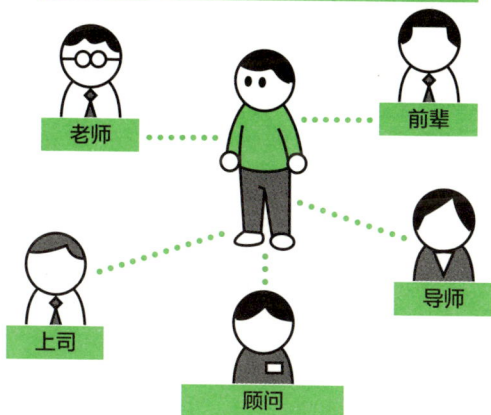

老师

前辈

导师

上司

顾问

不要放过任何疑问，
不惜使用一切办法也要解决它们！

沟通输出的六大好处
Six Advantages of Output

让人生变得更加快乐、更加丰富多彩

读到这里，可能有些朋友的心里会产生疑问了，说："你把沟通输出的地位摆得那么高，把沟通输出的作用说得那么重要，可在现实中沟通输出能给我们带来什么好处呢？"别着急，下面我就给您介绍沟通输出的好处，看了之后保证让您跃跃欲试，想去实际体验一下这些好处。

（1）让记忆更加深刻

受限于人类记忆的模式，只是输入大脑的信息，很快就会被遗忘掉。但是，如果把输入的信息以某种形式多次、反复输出出来，大脑就会把这种经常"被使用的信息"判断为"重要信息"，而将其作为长期记忆保存下来。

（2）改变人的行为

"说""写""行动"都属于输出。反过来也可以说，所谓输出，就是我们的一切"运动"、所有"行动"。我们在输出之后，通过输出结果获得的反馈，能够把我们的行为引向更科学、更准确的方向。

（3）改变现实

当自己的行为改变之后，会给周围的人带来各种各样的影响，从而使自己身边的现实得到改变。工作效率不断提高，人际关系变得越来越和谐，总之，围绕在自己周围的现实世界都向积极的方向转变。

（4）实现自我成长

输入、输出、反馈的过程不断反复循环，人就能实现自我成长，连续不断地更上一层楼。这个自我成长的螺旋阶梯，一定能把您带到全新的世界。

（5）带来快乐

当您进入自我成长的良性循环之后，一定会感受到无比的成就感和快乐。积极的沟通输出，使别人对我们的评价越来越高。

别人赞赏我们、信任我们，我们被人认可、被人尊重的心理需求得到空前满足。这又将激发出我们继续沟通输出的动力，结果，自我成长的列车想停都停不下来了。

（6）收获惊人的成果

随着自我成长的不断加速，身边的现实世界逐渐向有利于我们的方向发展。在职场上，别人对我们的评价提高了，上司自然会委派更加重要的任务给我们。因为自身能力的提高，完成任务也是必然结果。最终，升职加薪就在前面等着我们。

人际关系变和谐后，一个好汉三个帮，工作起来也轻松得多。既交到了朋友，又有利于工作，说不定还能找到"真爱"，完成终身大事呢。总之，学会积极沟通输出之后，我们身边会产生一系列连锁的积极变化。人生变得幸福快乐、丰富多彩。这些惊人的好处都是沟通输出给我们带来的。

人生的成功法则，就在于"沟通输出"。

接下来，从第二章开始，我就详细为您介绍沟通输出的方法、在实践中的应用。

输出的六大好处

让记忆更加深刻　改变现实　带来快乐

收获惊人的成果

改变人的行为　实现自我成长

您想收获成功吗？
快来学习输出的方法吧。

THE POWER OF
OUTPUT

第二章
CHAPTER 2

有科学佐证的沟通话术

TALK

01 说 1

Talk

把昨天发生的事情讲出来，也是一种很好的输出方式

很多朋友"不善于输出"，对这样的朋友来说，要学习输出方法，从哪儿起步好呢？

我认为，应该先从"说话"开始。"说话"是最简单的输出。"昨天，我遇到一件有趣的事情……"像这样把日常生活中的一些琐事讲给朋友、同事听，也是一种不错的输出。

读到的内容、听到的事情、自己的体验等，都可以用说话的形式分享给第三者。

比如，您最近正在读一本书，就可以把读到的内容或心得体会讲给家人、朋友、同事听。"最近我正在读一本书，那本书主要讲的是……"像这样，一周内跟别人讲三次读到的书的内容、心得，就可以实现"输出的基本法则 1"——两周内使用三次的信息，将成为长期记忆保存在大脑中。

我们把大脑中的信息，比如感想、想法、创意等抽象的东西以具体的语言向外界表达出来，就可以**提升大脑的活力，增强记忆力，把重要信息永久保存在记忆中**。

读一本书的感想、看一部电影的感想、看电视节目的感想、看体育比赛的感想、品尝美食的感想……什么感想都可以，选一样您最拿手的用语言分享给身边的人，这就是最简单方便的输出方式。就从这里开始练习吧！

跟别人讲自己的感想时，还有一个窍门，最好**加入一些自己独特的见解**。这样既可以锻炼自己独立思考的能力，也能给别人留下深刻的印象。

我在微博、微信上经常会看到这样的帖子："今天我去了一家网红拉面店！"看了这句话，您有什么想法？网红拉面店的拉面，到底什么味道？好吃不好吃？作者的感受一点也没有表达出来。这就是一种不成功的输出。

自己是怎么想的？怎么感受的？当您的语言具有您独一无二的"特色"时，才有意义，别人才愿意听。

发表自己独到的意见

我去了一家网红拉面店！

【仅仅陈述事实】

那家店的猪骨汤很浓，味道鲜美！

【自己的感想】

我想那家店很快就会门庭若市，顾客都得排队。

【自己的意见】

事实 ＋ 感想 / 意见 ＝ 输出能力提高 ⬆

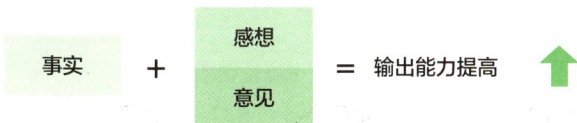

经历过的事情，自己是怎么想的？
不加修饰地表达出来。

02　说2
Talk

多用正能量的语言，人生就会变幸福

我每次去居酒屋喝酒，都喜欢"偷听"周围顾客的聊天内容。晚上，居酒屋里大多都是下班之后来放松的上班族。我发现，上班族聊天的时候，负面的内容很多。他们使用积极、正能量的语言很少，大多是发公司的牢骚、说上司的坏话。

有心理学家通过研究发现，**人只要少用消极的语言，多用积极的语言**，就能让工作、婚姻生活甚至整个人生都变得很幸福。

反过来，一个人如果总是说些消极的话，使用负能量的语言，他的工作、生活也很难一帆风顺。

美国北卡罗来纳大学的研究人员，曾经对公司职员使用积极语言和消极语言的比例进行了调查。积极语言对消极语言的比例在3：1以上的团队，往往能够取得更好的工作业绩，而且大家对这个团队中成员的评价也比较高。

而积极语言对消极语言的比例低于3：1的团队，成员对团队、公司的忠诚度就比较低，离职率很高。调查中发现，工作业绩最高的团队，积极语言对消极语言的比例甚至高达6：1。

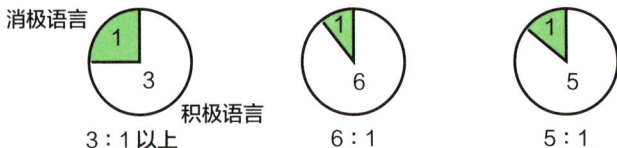

"积极语言"对"消极语言"的比例

消极语言

| 1 | | 1 | | 1 |
| 3 | | 6 | | 5 |

积极语言

3：1以上　　　　　6：1　　　　　5：1

业绩好的团队　　业绩非常高的团队　　关系和谐的夫妇

参考：《幸福原动力》（肖恩·埃科尔著）

　　研究夫妻关系的大师——心理学家约翰·戈特曼博士也研究了夫妻之间积极语言与消极语言的比例关系。他发现，当夫妻之间积极语言对消极语言的比例低于 5：1 的时候，夫妻离婚的可能性就比较大了。戈特曼博士根据夫妻之间积极语言对消极语言的比例，对他们未来是否离婚进行了预测，结果预测准确率达到了94%！

　　为了在事业上取得成功，为了维持良好的人际关系，我们**使用的积极语言一定是消极语言的三倍以上**！牢记，输出的时候，不要做消极的输出。**只有积极的输出，才能把您推向成功，帮您收获幸福！**

多说正能量的话，人生也会幸福顺遂

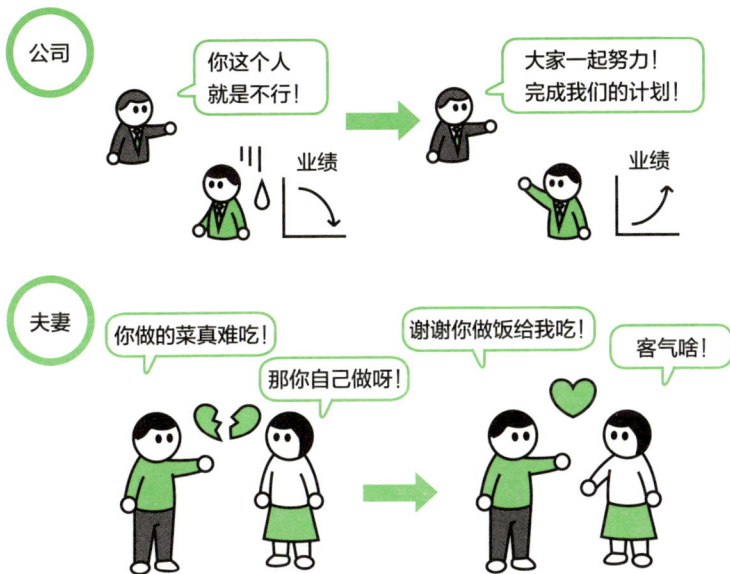

公司
你这个人就是不行！
大家一起努力！完成我们的计划！
业绩
业绩

夫妻
你做的菜真难吃！
那你自己做呀！
谢谢你做饭给我吃！
客气啥！

要想成功的话，
请让自己周围充满积极的语言。

03　说3

Talk

说坏话是消极人生的开始

把心中所想用语言表达出来，是非常简单方便的输出方式，所以我推荐大家多"说"。但是，唯独"说坏话"我希望大家不要去做。

因为**"说坏话"百害而无一利。**

（1）增加"紧张激素"的分泌

可能很多朋友在背后说人坏话的目的都是"发泄情绪""释放压力"。但实际上，科学证明，说别人坏话反倒会增加自己的紧张情绪和精神压力。

东芬兰大学的研究人员对平均年龄71岁的1449位老人进行了调查。他们逐一询问每一位老人，平时每天要说多少社会、国家的闲话？说多少批评别人的话？多长时间怀着恶意去看待人和事物？结果发现，经常说别人坏话、批判社会和国家的人，比很少说这些话的人，**患老年痴呆症的风险要高三倍。**

另一项研究发现，当人发牢骚、说别人坏话的时候，会促进皮质醇的分泌。而皮质醇被称为"紧张激素"。如果人体长期处于皮质醇分泌量较高的状态，那么免疫力就会下降，成为催生各种疾病的原因。

当我们处于精神压力之下，感到紧张的时候，身体就会分泌皮质醇。而研究人员发现，当人在说别人坏话的时候，体内皮质醇分泌量会增高。这也说明，**"说别人坏话"不仅不能发泄自己的紧张情绪，反而还会招致更多的精神压力。**另外，常说别人坏话，**自己患上老年痴呆症的风险也会升高**，所以一定要注意！

（2）恶化人际关系

前面讲过，输出可以强化我们的记忆。在居酒屋喝酒的时候，我常能听到邻座的上班族在挑上司的毛病，比如"我们科长太讨厌了！整天黑着一张脸……"。可是，**这样的输出，让讨厌科长的感情，在大脑中变得更加深刻了。**

很多人以为说别人两句坏话没什么大不了，只要不当着他面说就没事。可是您不要忘了，世界上没有不透风的墙，背后说的话，不论好坏，总有一天会传到当事人的耳朵里。再有，我们人类除了语言，还有非语言信息的交流，比如表情、动作等。所以，"讨厌科长"的感情，迟早会传递到科长那儿。到那时，科长对您的态度和评价会变得更加苛刻、严厉，您和上司之间的人际关系只会持续恶化。

（3）成为"专门挑刺找碴儿的名人"

您想过没有，说别人的坏话，其实是一种输出训练，而且是寻找别人短处、缺点、毛病的训练。也就是说，经常说别人坏话的人，平时肯定也有一双寻找别人短处、缺点、毛病的眼睛。时间一长，这样的人就会成为"专门挑刺找碴儿的名人"，这可不是什么好名声啊！

而且，喜欢说别人坏话的人，不仅仅会把眼睛盯在别人的短处、缺点、毛病上，他们同样会把眼睛盯在自己的短处、缺点、毛病上。总之，他们的眼睛看到的都是短处、缺点和毛病。思考方式充满了负能量。换句话说，**"说别人坏话"就是"消极思维方式"的一种训练**。

我们知道，积极的思维方式才能让人生朝健康的方向发展，而**消极的思维方式是我们前进道路上的绊脚石**。人生顺遂与否，其实都是我们自己制造出来的。

说别人坏话有什么结果？

讨厌　火冒三丈　烦躁　抓狂

"消极的思维方式"得到强化，生各种疾病的风险提高

> 说别人坏话对自己来说没有一毛钱好处！
> 一定要管住自己的嘴。

04　沟通 1
Communicate Efficiently

外表和态度，有时比嘴还管用

"我心里想的事情，经常没法准确表达出来""心里想得好好的，可就是不知从何说起"，相信很多朋友都抱有类似的烦恼。说到底，就是不擅长表达，或者根本不知道正确的表达方式。在我看来，"表达"问题可以归类为"沟通问题"。

讲到沟通，我们可以把它分为两类——语言沟通和非语言沟通，这样更便于理解。

"语言沟通"，就是通过语言进行沟通，包括**语言的内容、意义、其中所包含的信息等**。"非语言沟通"，就是用语言之外的方式进行沟通，比如**人的外貌、表情、视线、姿势、动作、手势、服装、气质等视觉信息，还有说话声音的音质、音量、语调、高低强弱等听觉信息**。

在心理学上有一个著名的法则叫作"梅拉宾法则"。人在说话的时候，有些情况下语言的内容和动作、表情等会出现矛盾。当遇到这种情况的时候，人们更相信对方发出的哪些信息呢？

心理学家阿尔伯特·梅拉宾通过实验发现，我们判断一个人所传达的信息时，55% 靠视觉信息，38% 靠听觉信息，只有 7% 靠语言信息。也就是说，**与对方所说的内容相比，我们更重视视觉信息和听觉信息**。这就是"梅拉宾法则"，也叫"7∶38∶55 定律"。

顺便给大家介绍一下，曾有人写过一本书，说梅拉宾的实验结果证明"人类交流沟通的过程中，非语言沟通的比例占到了 93%"。

两种沟通方式

语言沟通	非语言沟通
语言的内容、意义、其中所包含的信息	视觉→外貌、表情、视线、姿势、动作、手势、服装、气质等 听觉→声音的音质、音量、语调、高低强弱

但我认为这是对梅拉宾实验的曲解。梅拉宾法则只显示了一个事实，那就是"非语言沟通的重要性"。

"说些什么"是语言沟通；"怎么说"是非语言沟通。

举例来说，您的好朋友要结婚了，他邀请您在婚礼上为他发表一段新婚贺词。您为了写这段贺词，绞尽了脑汁、费尽了心力，可以说写得非常完美。可是，在婚礼当天，您面对众人演讲时紧张无比，结结巴巴、勉勉强强地背完了演讲稿。试想，这样的演讲效果会好吗？

所以，与讲话的内容相比，首先摆出一副落落大方的姿态，露出阳光明媚的微笑要重要好几倍。可现实中大多数人更注重"说些什么"，而忽视了"怎么说"。

当我们想表达自己想法的时候，不仅要注重"语言"，还要重视"非语言"的沟通方式。不信您可以试试，从现在开始，只要稍微注意一下自己在说话时的表情、视线、动作等，就能大幅提高自己的沟通能力。

梅拉宾法则

当对方发出矛盾的信息时，我们更容易相信哪种信息？

语言信息
所说的内容
7%

视觉信息
外貌、表情、
视线、动作、
姿势等
55%

听觉信息
声音的音质、音量、
语调等
38%

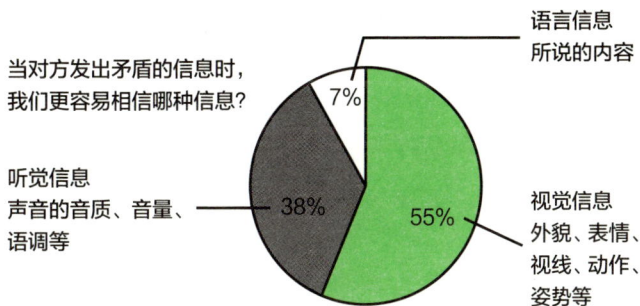

即使您对自己所说的内容没有自信，
也要面带笑容，落落大方地讲出来。

05 用眼睛交流
Make Eye Contact

我们的眼睛"能说会道"，眼睛是传达"思想""感情"的重要器官

除了语言交流，我们人类还拥有非语言交流的能力，而且，有的时候非语言交流更容易传达思想和感情。但是，很多朋友一听到非语言交流这个词，立刻就会产生畏难情绪，认为自己不擅长这种交流方式。

其实有一种非语言交流方式任何人都可以轻松做到，那就是**看着对方的眼睛说话，即所谓的"眼神交流"**。

通过眼神交流，**彼此可以敏锐地捕捉到对方微妙的情感变化，加深相互之间的了解**。不管是交朋友、谈恋爱，还是做生意，眼神的交流都更容易在彼此之间建立起深入的关系，也有利于提高自己在对方心目中的形象。

另外，人在进行眼神交流的时候，还会促进体内**多巴胺**的分泌。

比利时鲁汶大学的研究人员曾经做了一项研究，他们给受验者看两组人脸照片，一组照片的人物眼睛中有交流的神态，而另一组照片没有。同时，研究者对受验者看照片时的大脑活动进行了监测。

结果显示，当受验者看到有眼神交流的人脸照片时，他们脑内奖赏系统的一部分——腹侧纹状体非常活跃。所谓脑内奖赏系统，就是多巴胺神经的回路。

多巴胺是一种能让人"快乐""幸福"的激素，科学家称之为"幸福物质"。当人体大量分泌多巴胺的时候，可以提高我们做事情的兴致，另外它还有增强记忆力的效果。

由此可见，**眼神交流对于建立良好的人际关系，能够起到不可忽视的作用**。

下面给大家具体介绍一下眼神交流的窍门：

（1）交流时看着对方双眼之间的部位

可能有朋友感觉直勾勾地盯着对方的眼睛有点令人恐惧，也有人羞于直视对方的眼睛。对于这样的朋友，我教您一个窍门，不用直视对方的眼睛。当两人面对面交流的时候，您可以**看着对方眉毛之间、双眼之间或者鼻子周围的部位**。

其实，并不是只有直视对方的眼睛才能实现眼神交流，看着上述那些部位也可以达到同样的效果。

眼神交流可以提高我们大脑的活力

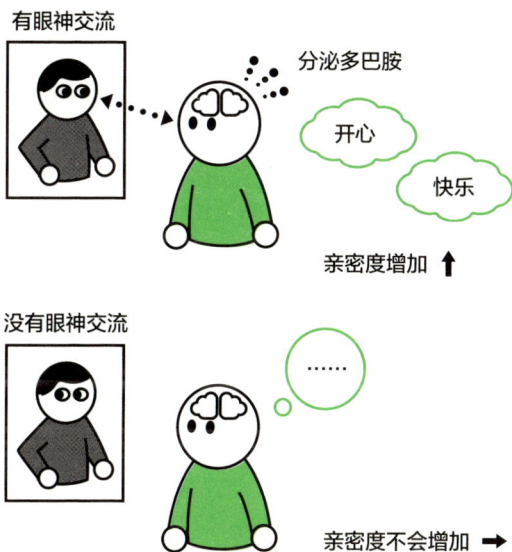

有眼神交流

分泌多巴胺

开心

快乐

亲密度增加 ↑

没有眼神交流

……

亲密度不会增加 →

（2）讲到重要事情的时候，对视一秒钟

根据英国心理学家艾佳尔的研究，两个人面对面谈话的时候，对视的时间占整体谈话时间的 30%~60%。其中有效的眼神交流时间只占 10%~30%。如果彼此并没有特别亲密的感情时，双方的眼神交流每次最长也只有一秒钟。

眼神交流的时机不容把握，对部分人来说，总是搞错这个时机，结果，要么得不到回应，要么弄得很尴尬。

对于不善于把握眼神交流时机的朋友，我教您一个方法。**当谈到重要部分的时候，当您想向对方传达"一个重要想法"的时候，直视对方眼睛一秒钟。**一秒钟就够了，目的是让对方意识到，您讲的话很重要。

（3）眼睛会不自觉地流露感情

俗话说得好，"眼睛是心灵的窗户"，**人的"思想""感情"能够通过眼睛表达出来。**所以，通过眼神交流，我们不仅可以了解对方的想法，也能把自己的想法传达给对方。

比如，在工作中您向顾客推销一种商品的时候，如果您的眼睛中流露出"这个商品真的很棒"的神情，那会比语言描述更有效。能让顾客感觉到您是发自内心地喜欢这个商品，从而也能感染顾客喜欢上这个商品。

再比如，面对恋人的时候，您在用语言表白"我爱你"的同时，如果眼神中完全没有爱恋之意的话，就会让对方对您的诚意产生怀疑。

任何事物都是"双刃剑"，**眼神能够表达好的正面的感情，也能表达"我不关心""你的话很无聊"等负面感情**，这一点一定要引起注意。

（4）倾听时，也要看着对方的眼睛

很多人在说话时懂得看着对方的眼睛，但在听人说话时，却常常忽视这一点。其实两者同样重要。

倾听别人说话时，真诚地看着对方的眼睛，可以让对方感觉"这个人对我的话感兴趣"。看着对方眼睛倾听时，如果再加上频频点头的动作，则更能表达自己的认可，也能引导对方更加积极地表达他的想法。

熟练地运用眼神交流这个武器，可以帮您加深与人交流的层次。一开始也许并不容易做好，但只要不断练习，一定能取得很好的效果。

眼神交流的四个窍门

（1）交流时看着对方双眼之间的部位

谈话时看着对方眉毛之间、双眼之间、鼻子周围的部位，不会感觉太尴尬

（2）讲到重要事情的时候，对视一秒钟

××× 就拜托您啦！

讲到重要的部分，直视对方眼睛一秒钟

（3）眼睛会不自觉地流露感情

这个商品好！

我自己都很喜欢！

感情会通过眼睛不自觉地流露出来

（4）倾听时，也要看着对方的眼睛

"我对你的话感兴趣！"

如果能加上"频频点头"的动作，就更完美了

交流时有意识地看着对方的眼睛，不太熟练的时候，可以一次一秒钟。

06 沟通 2
Communicate Efficiently

既能准确传达意思又能缓和气氛的"缓冲说话法"

向别人传达"坏消息",总是一件令人头疼的事情。比如,上司批评部下,部下向上司报告工作上遇到的麻烦等。

当我们作为一个传话人,把"坏消息"传达给别人的时候,怎样才能**尽量减少坏消息给对方造成的伤害**呢?我有一个不错的方法,**叫作"缓冲说话法"**。

【不正确的传达方式】No But 说话法

在给朋友们介绍缓冲说话法之前,我先讲一种不正确的传达方式——"No But 说话法"。

"最近你怎么老是迟到啊!之前你的销售业绩刚见起色,这一迟到,把成绩都抹杀了!"这就是"No But 说话法"的典型例子。先说"坏消息",后说积极的事情。

"No But 说话法"

(1)最近老迟到

(2)业绩刚有起色

让对方感到消沉

　　一上来就直截了当地传达"坏消息"，给对方造成相当大的精神冲击，有的人甚至立马消沉下去，根本无心听下面的话了。后面不管你再说什么积极的事情，恐怕也难以激发对方的士气。这样的说话方式，给对方强烈的消极印象，是非常打击积极性的。可现实中，只会这种说话方式的上司格外多。

　　【缓冲说话法】1　Yes But 说话法

　　缓冲说话法的代表例子是"Yes But 说话法"。具体做法是**先不直接传达"坏消息"，而是先制造一个缓冲地带**。例如：

　　"最近，你的销售业绩起色明显啊，小伙子很努力呀！不过，你最近迟到的次数也不少啊，希望你以后严格遵守时间。"

　　首先传达的是积极正面的信息。切入点可以是对方的优点、长处，最近取得的进步等积极正面的事情，借此营造一个积极的氛围之后，再传达"坏消息"。这和"No But 说话法"的顺序刚好颠倒过来，仅仅如此，就大大减少了给对方造成的精神冲击。

"Yes But 说话法"

（1）业绩起色明显 ✚

（2）只是迟到要注意 ➖

给对方造成的精神冲击小

【缓冲说话法】2 Yes And 说话法

还有一种更加婉转的说话方式，**先传达"积极的信息"，在此基础上再提出积极的要求或期望。这叫作**"Yes And 说话法"。例如：

"最近，你的销售业绩起色明显啊，小伙子很努力呀！以后如果能够严格遵守时间，你就更优秀了。"

前面都是赞赏、表扬等积极的信息，后面也没有斥责或批评，**而是以"能……就好了""希望你……"的形式提出要求或希望，可以说是非常客气的。**

【缓冲说话法】3 Yes How 说话法

最委婉的一种说话方法是"Yes How 说话法"。例如：

"最近，你的销售业绩起色明显啊，小伙子很努力呀！怎么才能变得更优秀呢？咱们一起思考一下吧。"

这种说话方法并不直接传达"坏消息"，而是**以提问的方式，请他本人自己思考。**目的是引导他本人说出："我想以后我得严格遵守时间，不能迟到。"

"Yes And 说话法"

（1）业绩起色明显　➕

And
（2）以后如果不迟到就更好了！

【积极的信息】

客气地要求对方"如果能……就好了"，以便让他敞开心扉

要想让人改变行为，需要首先让他"意识到"自己存在的问题。但如果直接把"坏消息"传达给他，告诉他他存在的问题、缺点、毛病，一般人都会从感情上产生一定的逆反情绪。比如直接批评他迟到的问题，他心里可能暗自不服："其实也没迟到几分钟嘛。"这样一来，他不会轻易承认、改掉自身的毛病。

而"Yes How 说话法"可以说是**帮助部下改掉缺点的一种既有效又不伤感情的方法**。因为这种方法可以引导部下自己反思自身存在的问题，并激起他们改正毛病的内在动力。

读到这里，您可能感觉说话还得花心思，真是太麻烦了。但是，要想取得理想的沟通效果，并维护和谐的人际关系，我们就必须得学习高明的沟通方法。其实也没那么复杂，只要不直接传达"坏消息"，不使用"No But 说话法"，就能明显改善说话的效果，让对方更易于接受。

"Yes How 说话法"

（1）业绩起色明显

（2）怎样才能做得更好呢？

【用疑问句形式】

让对方自己意识到问题的存在，他就会主动改善自己的行为

首先传达"好消息"，打开对方的心扉，然后再沟通就容易多了。

07 打招呼
Greet People

打招呼是"认可你"的信号

关于打招呼，我也有一些失败的经历，比如在电梯里和陌生人打招呼，对方完全不搭理我，甚至有人还会报以冷眼。

打招呼，可以说是沟通的入口。两人碰面，首先通过打招呼认可彼此，接下来通过闲谈让彼此热络起来，然后才有可能谈一些比较深入的话题。两个人彼此打招呼的次数越多，亲密度也就越高。打招呼其实是一个心理信号——"欢迎你和我进行交流"。而不打招呼，或者不回应别人的招呼，则被理解为"我排斥和你进行交流"的负面信号。

在心理学上，"认可对方存在的好意"被称为"stroke"。而肯定性"stroke"的典型代表就是"打招呼"。

也就是说，当有人主动和我们打招呼时，我们就可以获得"我被人看见""被人认可"的感觉。心理学家埃里克·伯恩曾说："任何人都在寻求被别人认可。"

打招呼可以提高人与人之间的亲密度

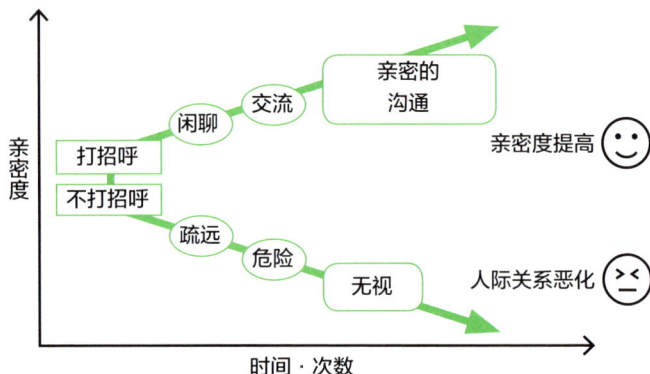

纵轴：亲密度　横轴：时间·次数

打招呼 → 闲聊 → 交流 → 亲密的沟通 → 亲密度提高 ☺

不打招呼 → 疏远 → 危险 → 无视 → 人际关系恶化 >˂

在网球比赛中，常会用到"stroke"这个词，这里的 stroke 是"击球"的意思。在人际交往中，两个人互相打招呼，也可以比喻成你来我往地挥拍打网球。把网球打过来打过去，也是一种"交流"，打招呼也是类似的过程。换句话说，**从心理学的角度来分析打招呼这种行为，它其实是"交流"的基础**。

在人际交往中，打招呼有很多好处，比如"打招呼是交流的基础和入口""良好的开头是成功的一半""打招呼是认可对方的信号""认可对方，也能让对方对我们产生好感""打招呼可以在职场中营造一个和谐的工作氛围""主动打招呼，让别人觉得我们有礼貌、懂规矩"……

不过，打招呼的时候也有需要注意的地方，那就是**非语言交流的部分**。试想一下，早上您见到同事，虽然嘴里主动说了一声"早上好！"，却一脸厌恶的表情，这会给对方留下什么样的印象？他心里肯定不舒服。

面带微笑、元气满满，用真诚的目光注视着对方的眼睛，然后礼貌地说一句："早上好！"这才是愉快一天的正确打开方式。

打招呼的诀窍

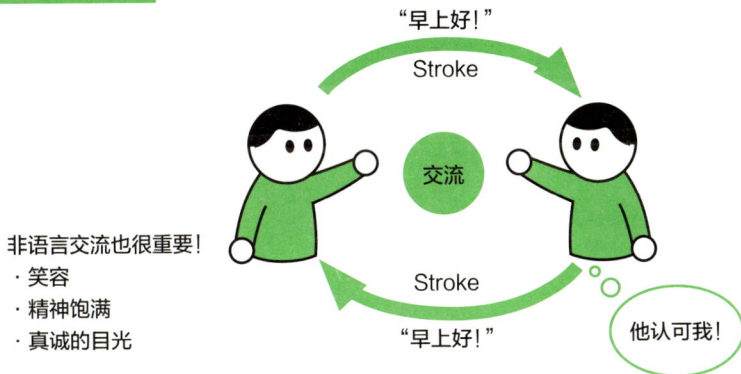

"早上好！"

Stroke

交流

Stroke

"早上好！"

非语言交流也很重要！
· 笑容
· 精神饱满
· 真诚的目光

他认可我！

明天早上遇见的第一个人，就请收下我阳光般的"招呼"吧！

08 闲谈
Chat with People

与其"聊得久",不如"经常聊"

在和同事、同学、朋友、恋人、家人的交往过程中,"闲谈"是一种非常重要的社交手段,这一点可能很多朋友都知道。

不过,很多时候我们虽然想通过"闲谈"来增强亲密感,却"不知道该聊点什么""总是找不到合适的话题"。一开始主动凑上去找人攀谈,可结果却尴尬得不知道聊什么好。

心理学上有一个名叫"单纯接触效应"的心理效应。弄明白这个心理效应之后,您就能发现,**想通过闲谈拉近彼此的关系,与谈的内容相比,谈的次数更重要**。通俗地讲,就是经常聊、频繁聊、没事就聊。

美国著名心理学家罗伯特·扎荣茨曾经做过一个实验,他先后拿出10张人物照片给一位受验者看。10张照片中,有的只给受验者看一次,有的给他看两次,有的给他看5次、10次、25次。最后,请受验者对照片中的10个人物评分。结果显示,受验者看的次数越多,他对这张照片中人物的好感就越高,评分也越高。

只是增加接触的次数,就能提高人与人之间的亲密度。这就是所谓的"单纯接触效应",也叫"扎荣茨效应"。

接触次数与好感度的关系

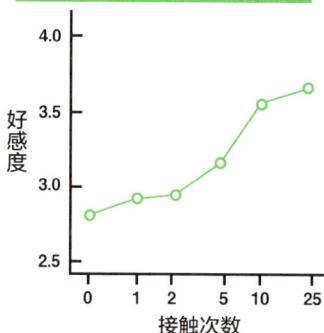

好感度 / 接触次数

(Zajonc,1968)

如果您把闲谈当作一种社交方式,看得太重,反而容易拘谨起来,"不知该说点什么"。结果,说不出话来,反而很尴尬。

但实际上,对闲谈这种社交方式来说,内容并不是最重要的,频度更重要。所以,闲谈的时候请放下心理负担,不必非要"语不惊人死不休"。**"不用想那么多,先打个招呼再说""聊点家长里短、茶米油盐也行"**,这才是闲谈应有的态度。

很多平时早出晚归的商务人士都以为"一个月带上家人出去短途旅行一次，应该就能满足家人之间的感情交流了"。但实际上，"每天 5 分钟的'家庭闲聊'"远比"每月一次的家庭旅行"更能增进家人之间的感情。

反面案例

正面案例

不用想那么多，先打个招呼再说。
实在找不到话题，可以聊聊天气嘛。

CHAPTER 2　有科学佐证的沟通话术

09 提问 1
Ask Yourself

开始前的提问，将决定学习的方向

"提问"，可以说是最简单、最有效的输出方法之一。提问，可以向他人提问，也可以向自己提问。**仅仅是"自问"，就能极大地激发大脑的活力，搜集到必要的信息。**

有研究人员在研究人类记忆的时候，曾经做了一个背诵非洲国家首都的测试。他们先把接受实验的人分成两组。第一组，让他们按照传统方法进行背诵。第二组，在背诵之前，先给他们做了一个测试，考他们几个非洲国家的首都，然后再让他们去背诵。第二天，对两组受验者进行同样的考试，看他们记住了多少个非洲国家首都的名字。结果，第二组得分比第一组高 10%~20%。

我们都知道，学习之后，做练习题、进行考试对于记忆有很大的帮助。但是，对于尚未学习的内容，先进行测试再学习，能大幅提升学习和记忆效率。

我在举办讲座的时候，讲正题之前，一定会请听众先做一个简单的问卷调查。举例来说，假如我讲座的主题是《如何培养输出能力》，那开始前我一定会以问卷的形式向听众提出一些问题，比如"关于学习中的输出，你最感头疼的问题是什么？""参加今天的讲座，你最想学到的知识是什么？"等。

填写问卷的过程中，听众已经思考了那些问题，或者说他们在心里也问了自己那些问题。**"今天的讲座，我最想学到什么知识？"这样的问题也算是一种心理暗示，在听讲座的时候，听众就会竖起耳朵寻找自己想学的知识。**一旦听我讲到相关的知识，他马上就会高度集中注意力，"啊！这就是我想学的内容，一定要认真听！"可想而知，这样的学习效率一定会很高。

心理学上有一种"选择性关注效应"，也叫作"鸡尾酒会效应"。

事前测试的效果

				第二天	
事前测试组	事前测试	+	背诵学习	→ 测试	得分高 10%~20%
背诵组			背诵学习	→ 测试	

（Roediger Ⅲ，2006）

假设有一天我去参加一个热闹的鸡尾酒会，到场一看，来宾不下100人。会场内大家三五成群，一边品尝美酒一边高谈阔论或窃窃私语。总之，会场里充斥着各种声音，谈话声、碰杯声、音乐声……，只能用嘈杂来形容。突然，我听到有人提到"桦泽紫苑"，那不正是我的名字吗？我会立刻竖起耳朵来听他们是在说我的好话还是坏话。

我讲这个例子的目的，是想告诉大家，**即使在十分混乱、嘈杂的环境中，只要有人提到自己的名字或自己感兴趣的事情，哪怕声音再小，我们也能敏锐地捕捉到**。这种现象就叫"选择性关注效应"。人会有选择地优先关注那些和自己相关或自己感兴趣的事物。

我们的大脑中有一种叫作"选择性提示"的机制。我们的大脑也有像 Google（谷歌）一样强大的搜索引擎，只要先输入一个关键词，我们的大脑就会在无比庞大的信息中，根据"选择性提示"把我们想要寻找的内容找出来。我们**为了发动这个"选择性提示"机制而往大脑中输入关键词的过程，其实就是"提问"**。

如果掌握了灵活运用"选择性提示"的方法，我们就可以大幅提高自己的学习效率。举例来说，假设您买了一本商务书籍。那么，在读这本书之前，应该先给自己提一些问题，比如"我最想从这本书中学到哪些知识？"，最好把这些问题用笔记录下来。

就拿我这本书为例，您读书之前可以问问自己："我到底是出于什么目的买了这本书？"回答可能有"因为输出对我来说很费时间，我想学学高效的输出方法，以便节约时间""写文章我最头疼，写文章也是一种沟通方法，所以我想从这本书里学到写文章的技巧"等。

给自己提一些问题，并写在纸上，我们大脑中的"选择性提示"功能就启动了。于是，**在读书的过程中，我们的大脑会拼命地寻找问题的答案**。结果，我们想学的知识就会被非常深刻地烙印在大脑中。

读书也好，学习也罢，开始之前先拿 10 秒钟时间问问自己："我想学到些什么？"仅仅如此，我们的学习效率就能得到大幅提升。

> "我想学到些什么？"这个问题应该摆在大脑中最显眼的位置，时常拿出来问问自己。

10 提问2
Ask Others

"恰当的提问"把讨论引向更深的层次

"那么，大家有什么问题想问吗？"

我主讲的讲座，到最后总会留出一个答疑时间，听众可以自由向我提问。这个时候，如果听众踊跃举手，都想和我交流的话，我会感到非常开心。但是，如果此时整个会场如一潭死水，没有一个听众"捧场"，那会是多么尴尬啊！

在绝大多数人心目中，提问的目的是"解决自己的疑问"，是"为自己而问的"。实际上，有些情况下被提问的人也会很开心，就比如我开讲座的时候。所以也可以说，**提问也是取悦别人的一种方式**，是"为他人而问的"。

请大家想象一下公司开会讨论企划方案的情景。会议主持人问："对于这个方案，大家有什么疑问吗？"如果此时没有任何人提问的话，那么对于新企划案的讨论就会浮于表面，结果，方案带着很多问题便被草草通过。可想而知，如此未经深思熟虑的方案付诸实施后多半会出问题。所以我想说的是，恰当的提问，可以**为讨论注入活力，将讨论引向更深的层次**。结果，恰当的提问，为会议的参与者以及整个公司，都带来了巨大的好处。

提问，也可以称为交流沟通的"润滑剂"。"恰当的提问"，可以**增进相互的了解，拉近彼此的关系**。

另外，如果我们能够提出"恰当的问题"，也说明我们做了充分的准备。这样**能提高别人对我们的评价**，比如"他很积极嘛""看得出，他下了功夫的"。

由此可见，"提问"的好处多多。下次再听到有人问："大家还有什么问题吗？"您一定要做到第一个举手！

提出恰当问题的窍门：

（1）边思考问题边听讲

突然被问道："你还有什么问题吗？"我们可能会手足无措，不知该说些什么。为防止这种情况的发生，我建议大家**养成边思考问题边听讲**的习惯。

开会也好，听讲座也好，至少应该准备三个问题。一边思考这些问题的答案一边听讲。这种方式能让我们听得更加聚精会神。

（2）让讲话人高兴的提问

如果我们提出的问题，能为对方的讲话起到补充作用，或者把他讲的某个难点以浅显的方式呈现出来，将会是非常"讨喜"的。因为我们帮了讲话人一把，**他会感到高兴，甚至感谢我们的**。

（3）让其他听众高兴的提问

听讲座时，如果大多数听众都对某一点没有听懂，换句话说，就是大家都有同样的疑问，这时，我们可以**勇敢站出来代表大家提出这个问题**。其他听众一定会感谢我们的，因为他们也想弄清这个问题，但自己又不太好意思提问。

（4）把讨论引向更深层次的提问

提问大体上可以分为两种，高明的提问和不高明的提问。不高明的提问，离题万里，甚至会把整个讨论带离正轨。而高明的提问，则能把讨论引向更深的层次。所以，我们提问时，应该**沿着讨论的脉络，向深处挖掘主题**。这才是高明的提问方式。能够增加讨论的深度、听众理解的深度，所以不管是讲话人还是听众，都会感谢这样的提问。

提出恰当问题的窍门

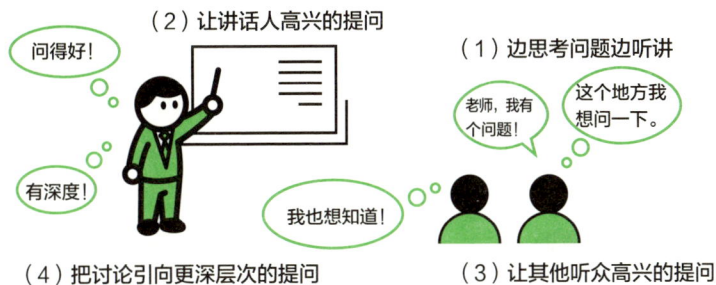

（2）让讲话人高兴的提问

问得好！

有深度！

（1）边思考问题边听讲

老师，我有个问题！

这个地方我想问一下。

我也想知道！

（4）把讨论引向更深层次的提问

（3）让其他听众高兴的提问

听别人讲话的时候，
要变身成一个敏锐的记者。

11 请求
Make a Request

"Give and Take"不如"Give and Give"

人在社会上工作、生活，会遇到各种各样的困难，求人是在所难免的。但同样是求人，有的人不但难以达到目的，还会招致别人的厌恶；而有的人则可以轻松得到别人的帮助。接下来我就要为您介绍高明的求人方法。

心理学上有一个法则叫作**"回报性法则"**。通俗地讲，就是**当一个人受到另一个人的恩惠后，会产生"我一定要回报他"的心理。**

举例来说，到了情人节那天，您收到了女朋友送的巧克力，您肯定不会没有表示的，因为收到别人的礼物，您心里就会产生"回报"的意愿。商家也会利用顾客的这种心理推销商品，比如超市里的"试吃品"。很多顾客免费品尝了"试吃品"之后，都会购买，因为"白吃了别人的东西，不买实在不好意思"。

根据人的这种心理特征，当我们想向某人提出请求的时候，不要只是一味地请求，**首先自己应该为他做些什么、给他些什么**。带着Give（给予）精神与人交往。

如果平时我们都做到亲切待人，那么别人也会亲切地对待我们。在这种良好的氛围之下，如果我们向他人提出某种请求，对方应该不会拒绝的。

回报性法则

亲切
亲切

我们对别人亲切，别人也会用同样的态度对待我们

但是，在人际交往中有一点要注意，"Give and Take"不能长久，要本着"Give and Give"的奉献精神与人交往。

假如我们平时是抱着"索取（take）"的目的对人亲切，或"给予（give）"，那么别人会看透这一点，认为我们是虚伪的亲切、有所图的给予。他们当然不会真心与我们交往。也就是说，我们越是期待"回报"，越得不到"回报"。

只有本着"Give and Give"的奉献精神与人交往，才能交到真正的朋友，当我们遇到困难的时候，他们才愿意伸出援手。

"Give and Give" 的精神

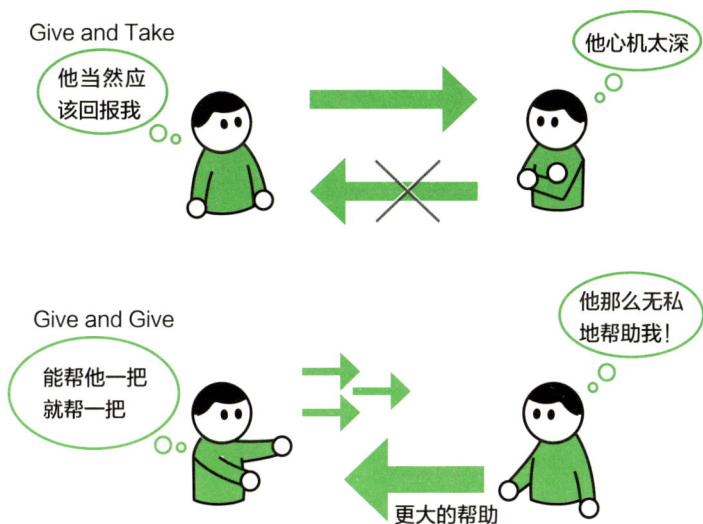

Give and Take

他当然应该回报我

他心机太深

Give and Give

能帮他一把就帮一把

他那么无私地帮助我！

更大的帮助

"那个人的事情，我一定得帮忙！"
让自己在别人心目中成为这样的人。

12 拒绝1
Decline

为了优先做自己"真正想做的事情"

"怕得罪对方，所以我总是不好意思拒绝别人的请求""拒绝的话说不出口，所以我做了很多自己不情愿的事情"……相信抱有类似烦恼的朋友不在少数。

日本人非常不善于拒绝别人。但是，如果不能果断拒绝自己不想做的事情，就会浪费自己宝贵的时间、精力。"无故加班""周末加班""不想参加的应酬"……无情地蚕食着自己的时间。

"上司让我加班，如果我拒绝的话，以后就别想晋升了"，很多上班族都有这样的顾虑。可是请您留心观察一下，那些从不拒绝"上司请求"的老好人，有多少人获得了晋升？恐怕也没有多少。能否晋升，最终还是要看一个人的"工作能力"，而不是溜须拍马的水平。

"不善于拒绝的人"，**无法把时间和精力投入到自己真正想做的事情上**。甚至连休息、娱乐、睡眠、陪伴家人的时间都被挤占了。

也就是说，"不善于拒绝"，是通往"不幸人生"的道路。别人的各种请求都接受，别说做自己想做的事情了，就连充足的睡眠都无法保证。没日没夜地忙别人安排的事情，终于有一天，身体受不了了，健康出现了问题，才懂得去拒绝别人，那何不从一开始就学会拒绝呢？

从事自由职业者或单独创业的人，总会担忧："如果我不接这个项目，客户以后可能就不再给我项目做了。路岂不是越走越窄？"可是您知道吗？有一条法则叫作"越拒绝，工作越多"。

"如果工作多到您已经接不过来了"，那正是"人气旺"的证明。

比如，您想去一家网红餐厅吃饭，可是打电话过去订位，餐厅却说三个月内都已经订满。此时，您做何感想？多半会想："那餐厅生意那么好？一定有过人之处，我一定要去试试！"越难得到就越想得到。工作也是一样，您因为工作太多，**果断拒绝了新的工作请求，客户会觉得您工作能力强，以后肯定会给您更多的工作机会。**

其实，"拒绝"并不会产生您所顾虑的那些负面影响。实际拒绝几次您就会发现，拒绝不但没有坏处，还会给我们带来很多好处。

"不拒绝"带来的后果	"拒绝"的好处
·自己宝贵的时间被无限地"掠夺" ·休息、睡眠时间减少，人变得憔悴不堪 ·会被众人认为是任何事情都不会拒绝的"好欺负的人" ·"不喜欢的工作请求"越来越多 ·精神压力不断积累 ·拼命地"延长工作时间""周末加班"，也得不到晋升	·自己可控的时间增加 ·可以把时间和精力投入到自己真正想做的事情上 ·被周围人认为是"意志坚定的人" ·"喜欢的工作请求"越来越多 ·拒绝别人也不会产生负罪感 ·心情舒畅 ·不会产生精神压力 ·可以把时间用于自我投资，在固定的工作时间内取得更大的成绩

善于拒绝的人

自己的时间	工作

死守！→

不善于拒绝的人

自己的时间	工作

← 压缩

加班和应酬，对个人评价不一定有好处，
不喜欢的话就果断拒绝。

13　拒绝 2
Decline

以"人生的先后顺序"为绝对标准，据此判断是否拒绝

怎样才能做到在既不伤害别人，又不委屈自己的情况下，高明地拒绝别人呢？

最重要的一点就是**首先为自己人生中的各种事情设定一个"先后顺序"**。重视"家庭"的朋友，如果建立了"星期六一定要陪家人"的规则，那么不管星期六接到多么紧急的工作任务，也要毫不犹豫地拒绝。

拿我个人来说，每年我会给自己设定 12 个"年度目标"。当遇到我不太喜欢的工作请求时，我首先会问自己一个问题："这项工作和我的年度目标是否相符？有没有冲突？"如果这项工作和我的年度目标有冲突，我拒绝的速度可以快到 0.1 秒。即使这项工作的报酬非常丰厚诱人，我也不为所动。

接受"和自己年度目标方向不符"的工作，**只能被剥夺有限的工作时间**。结果，对实现自己的年度目标造成负面影响。

另外，拒绝的时候，**"果断""毫不犹豫"非常重要**。"这个嘛……"一旦您表现出了丝毫的犹豫，对方就有机可乘。他们如果趁您犹豫不决的时候，插上一句："无论如何也要拜托你！"您就不好推辞了。所以，"犹豫"就相当于以非语言的形式告诉对方："我没有明确拒绝你的理由。"而当机立断、**毫不犹豫地拒绝**，也相当于在彰显自己坚定的意志和毫不动摇的决心，对方自然知难而退。

再有，判断应该接受还是拒绝的时候，千万不要"看情况"。**判断的标准只有一个，那就是人生大事的"先后顺序"**，要始终如一地根据这个标准进行判断。假设对方的请求和自己的标准不符，但是这次自己恰好有时间，心想："姑且帮他一次吧。"如果您就此接受了，那就坏了。因为一旦开了这个先河，以后就再难拒绝了。还有，如果对方说："只求你今天这一次，拜托啦！"千万不要上当，因为"只有今天这一次"以后会不断出现的。

"视情况而定"的做法还会造成人际关系上的问题，通俗说就是容易得罪人。比如"之前你接受了 A 的请求，为什么现在要拒绝我？"

所以，只有始终贯彻统一的判断标准，才不会造成厚此薄彼的麻烦。

话虽如此，还是有很多朋友觉得："直截了当地拒绝别人，会不会太不委婉了，把人都给得罪了，以后自己怎么混？"别着急，下面就给您介绍一个"拒绝的公式"，使用这个公式拒绝别人，保证不会得罪人。

拒绝的公式：**道歉（感谢）+ 理由 + 拒绝 + 替代方案**。

举例来讲，比如上司请求我加班，我会这样回绝："不好意思（道歉）！您能选我加班，真是我莫大的荣幸，非常感谢（感谢）！不过，今天我儿子的补习班召开家长会，我必须得去一趟（理由），所以非常遗憾，今晚不能加班（拒绝）。如果时间能宽限到明天中午，我一定能在规定时间之前做完（替代方案）。"

首先，以道歉、感谢的语言作为缓冲，再描述不能接受的理由，接着说出结论——拒绝，最后提出自己的替代方案。虽然拒绝了对方，但并不会耽误工作。

怎么样？同样是拒绝，用这个公式进行拒绝，是不是很有诚意呢？既不得罪人，还能保证工作的顺利开展。

拒绝的技巧

1. 首先决定"先后顺序"
对自己来说，最重要的事情是什么？
比如，"家人 > 工作"

2. 毫不犹豫地拒绝
犹豫的话会让别人认为您是一个"没有主心骨的人"

3. 不要"视情况而定"
始终坚持一个判断标准，才不会引起矛盾

4. 拒绝的公式
道歉（感谢）+ 理由 + 拒绝 + 替代方案，诚意满满。

照顾别人的感受固然重要，
但人更应该优先考虑自己的准则。

053

14 当众演讲
Presentation

把紧张变成伙伴，就能大幅提升自己的能力

很多人"不擅长当众演讲"，我想其中大部分人是因为"害怕紧张"。其实，我们大多数人都害怕紧张。有调查显示，"害怕紧张"的人，居然占到了 88% 的比例。

但是从另一个角度看，如果能够控制住自己的紧张情绪，那么当众演讲就会变得异常轻松。

让"害怕紧张"的人当众演讲，在上台之前，他们就会开始紧张。而且，一旦紧张了，他们心里还会想："糟糕！我又开始紧张了！怎么办？怎么办？"结果，紧张的恶性循环不断升级，真站到台上那一刻，他们大脑中已经一片空白了。

但另一方面，也有很多人经常**"享受紧张带来的快感"**，比如运动员。运动员经常利用紧张感激发自己的潜能。那么，紧张到底是敌是友？关于这个问题，早在 100 多年前就已经有了结论。

生理学家耶基斯和多德森博士在 1908 年曾做过一项实验。他们曾训练老鼠区别黑色和白色的标记。当老鼠判断错误的时候，就对老鼠施加电击，以促进它们学习。

结果两位生理学家发现，当电击的强度适当时，老鼠学习的速度最快。而电击太弱或太强的时候，老鼠的学习能力就会变得很低。

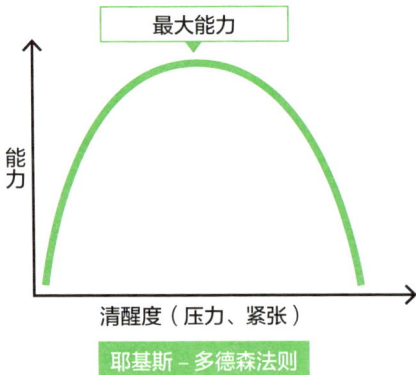

最大能力

能力

清醒度（压力、紧张）

耶基斯 - 多德森法则

　　也就是说，惩罚、压力、紧张等令人不快的感觉达到适当的强度时，能够提高人的能力。而太弱或太强的不快刺激，却只能使人的能力降低。

　　所以我们认为，**适度的"紧张"能够提高我们的能力。紧张并不是我们的敌人，而是朋友**。从脑科学的角度来分析，当人处于适度紧张状态时，脑内会分泌一种名为"去甲肾上腺素"的激素。而去甲肾上腺素可以帮助大脑提高专注力和判断力，从而使人的能力得到大幅提升。

　　下次您再紧张的时候，不妨在心里默念："紧张是我的朋友，它是来帮我提高能力的。"这种积极的心理暗示，可以帮我们把紧张控制在适度的范围内，从而真正使之成为我们的朋友。在面对众人进行演讲的时候，利用这种简单的方法就能实现很好的效果，不信您可以试一试。

　　关于控制紧张情绪的具体方法，推荐您参考一下鄙人的拙作《适度的紧张，让我们能力翻倍！》。不谦虚地说，那本书可以称为"控制紧张情绪的百科事典"，书里为大家介绍了 33 种缓解紧张情绪的方法。

让紧张成为我们的朋友

> 恰到好处的紧张，
> 正是超水平发挥自身能力的原动力。

15　辩论

Discuss

您只需要认真准备和一点点勇气

大部分日本人都不太善于与人争辩和辩论。相比之下，美国人在这方面就强很多，不过，那主要是因为美国从小学阶段就给孩子们开设了"辩论课"，从小培养孩子们表达自己的主张和与人辩论的能力。其实，日本人只要通过学习和训练，同样也可以变得能言善辩。

接下来就为您介绍几个提高辩论能力的方法：

（1）有意识地练习辩论

没有人天生就是辩论高手，是否善于辩论，完全取决于"辩论的训练和经验"。我敢断言，**只要进行科学的训练，任何人都能成为辩论高手**。

不过有一点我要提醒初学辩论的朋友，国家的大政方针、公司的战略决策等，最好不要妄议，容易给自身招惹麻烦。

先从轻松的主题开始训练辩论

首先，积累辩论的经验。

主题

书籍、电影、电视剧、美食、体育比赛等。

因此，一开始最好选择那些与国家大事、自身工作无关的主题开始练习辩论。

比如，"书籍""电影""电视剧"等都很适合拿来和朋友展开激烈的辩论。随着反复深入的辩论，我们一方面锻炼了输出能力，加深了对作品的理解，另一方面也锻炼了自己的辩论才能。

（2）要将辩论和感情分离开

与人进行激烈的辩论，事后也许会造成感情上的裂痕。但其实，那是辩论方法不正确所造成的恶果。如果把握住辩论的初衷和最终目的，就不会造成负面影响。

举例来说，您和同事围绕公司的战略方针展开了激烈的辩论。其实，你们两个人辩论的出发点都是"为了公司更好地发展"。不管各自持有怎样的观点，只要有共同的目标，不管辩论结果如何，双方都不应该产生彼此厌恶或憎恨的感情。

我们应该把"辩论"和"感情"分离开来。这句话说起来容易，要真正做到却需要反复练习。首先，在进行辩论之前，应该提醒自己，辩论的时候不能掺杂个人感情。其次，辩论结束之后，不要忘记给对手一个微笑，赞扬对方的口才。双方的辩论不管多么激烈，都应该是围绕主题展开的，和个人是没有任何关系的。

将辩论和感情分离开来

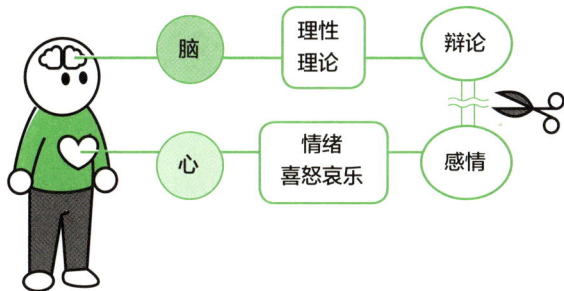

脑 —— 理性 理论 —— 辩论

心 —— 情绪 喜怒哀乐 —— 感情

（3）预想辩论的流程

公司开会的时候，很少遇到某个人在会上突然提出一个新的议题，然后大家就此展开毫无准备的辩论。一般的公司会议，都会事先把相关资料配发到与会者手中，资料里写明了此次会议的议题、议案等。这也是为了让与会者做好充足的准备，以便高效地开展讨论。所以，在拿到相关资料之后，我们应该在大脑中对会议的流程进行预想。比如**会议中可能出现争论的"论点""疑问"，最好事先想好应对的办法**。

令人不可思议的是，越是不善于辩论的人，越疏于事前的准备。越是辩论高手，越会在事前准备充足的资料、数据。其实，这其中的因果也可以颠倒过来看，**"辩论高手""口才好的人"，正是因为事前做了充分的准备，才成为高手的**。

所以，在参加辩论之前，首先应该预想辩论的流程，把辩论所需的所有"武器弹药"——资料、数据——都准备充足。

（4）制作预想问答集

辩论前的另一项准备是**制作"预想问答集""Q&A 集"**。对于辩论中对方可能提出的问题，我们应该事先进行预测，并将其记录下来，再找出合适的回答方法。这样一来，在辩论的"战场"如果对方果然提出了我们预测的问题，那我们便可以瞬间予以回击。

那么，"预想问答集"，要准备多少个问题呢？我可以给您提供一个标准——"10-30-100 法则"。这个法则是我发明的。我主讲过数百场的演讲会、研讨会，回答过无数的听众提问，也和听众经过数不清的辩论。根据这些经验，我总结出：**事先准备 10 个问题，可以应对 70% 的提问；准备 30 个问题，可以应对 90% 的提问；准备 100 个问题，就可以应对 99% 的提问**。

一个议题，不可能引出无限个问题，也就是说，听众提出的问题是有限的。先把自己放在听众的位置上，把能想到的问题都提出来。提出 10 个问题应该没什么难度。然后再根据自己的想法，回答这 10 个问题。仅仅是准备 10 个问题，就可以应对听众提出的 70% 的问题。

"那余下的 30% 的问题怎么办？"小心谨慎的朋友可能会有这样的担心。那就事先准备 30 个问题呀。有了 30 问的"预想问答集"，应对 90% 的提问可以说是小菜一碟。

"我还担心剩余的 10% 的问题"，那不要紧，事先准备 100 个问题的答案呗。不过，根据我的经验，通常情况下，准备 30 个问题就已经足够了。

（5）争取第一个发表意见

要想成为辩论高手，需要花很长的时间、很多的精力进行训练。那么，就没有简单一点，又能立竿见影的方法吗？

我可以告诉您，还真有简单又有效的方法！

这个方法就是——**第一个发表意见**。仅此而已。根据心理学的研究，在开会的过程中，整个会议的走向会受到"第一个意见"的极大影响。而且，从结果上来看，"第一个意见"在会议上获得通过的概率很高。

也就是说，抢先把自己的意见抛出来，可以使辩论朝着有利于自己的方向发展。这是一种非常有用的心理技巧，大家切记。

第一个发言影响力巨大

我赞成！为什么这么说，因为……　　影响 →　　反对的意见不好说啊……

· 大大方方
· 声音洪亮
· 充满自信

抢先发言者　　　　后发言者

以最近读的书为主题，和身边的朋友进行辩论练习吧。

16　倾诉
Consult

只是把心里话讲出来，人就会轻松很多

日本人还有一件事情特别不擅长，那就是遇到困难时向人倾诉、找别人商量。他们认为**"向别人倾诉"很难为情**。

不管遇到什么样的困难、自己多么难受，都自己扛、自己忍。只有当走到崩溃边缘，实在忍无可忍了，才会找人倾诉。可这个时候，大多为时已晚，无法补救。

我作为一名神经科医生，诊治了很多有心理问题的患者。这个过程中，最令我痛心疾首的就是"如果你能早两个月来我这儿，病情就不至于发展到这个地步……"。这样的情况数不胜数，而且一再发生。当我询问患者："为什么不早点来找医生咨询呢？"他们的回答出人意料地一致："咨询了也解决不了什么问题啊，现实还是无法改变。"

不可否认，现实中很多人为了生计在公司里没日没夜地苦干，平时加班不用说，有时周末还得出勤，身体和精神都承受着巨大的压力……有人认为，只要不辞职，自己就永远无法从这个压力中解脱出来。可是为了生计又不可能辞职。但实际上，从心理学的角度来说，这种想法是不正确的。

曾有心理学家做了一个实验，他们将两只老鼠分别装在两个铁笼子里，对它们进行轻微电击。不过，有一个笼子里安装了一个踏板，只要老鼠踩下这个踏板，两个笼子里的电击都会停止。也就是说，两个笼子里电击的次数、频率、强度都是完全一样的。

一开始，通过若干次电击，一个笼子里的老鼠慢慢学会了踩踏板停止电击的技巧。于是，这时两只老鼠的状态分别是：一只可以自己控制电击，而另一只什么也做不了，只能被动接受电击。但两者所受电击次数、频率、强度都是一样的。研究人员就想比较一下，精神压力对哪只老鼠造成的影响更大。

结果，在同等电击次数、频率、强度之下，对现状无能为力的那只老鼠，因精神紧张身体出现了溃疡，身体衰弱的速度也比较快，可见，精神压力对它造成的影响更大。也就是说，在同等的压力之下，**如果感觉"自己能够控制现状"，就可以减少压力对自己造成的影响。**

人在向别人倾诉、和别人商量的时候，**有可能得到对方的指导和帮助。**或者，自己在倾诉的过程中，**通过整理思路，没准自己就找到了对策，或看清了前行的方向。**总而言之，通过向别人倾诉、商量，人可以获得一种"我能够控制现状"的感觉，有了这种感觉，大部分的紧张、焦虑就会消失了。这也是"倾诉"和"心理咨询"有减压效果的心理学缘由。

实际上，很多来医院找我咨询的患者，一开始都是愁容满面、双眉紧锁。**但仅仅通过和我 30 分钟的谈话，他们就会放松很多，不少患者都是笑着离开的。**但这半小时的谈话，对他们的现实并没有产生改变。心理疾病的治疗，并不一定非要改变现实，更重要的是改变思考问题的方式。

所以，"倾诉之后也不会有任何改变"的想法是完全错误的。仅仅是"倾诉"就可以减少甚至消除不安和紧张。

控制感可以减轻压力

电击的次数、频率、强度完全一样

可以控制

我可以停止电击！

OFF

有停止踏板
→老鼠有活力

不可控制

我啥也做不了。

没有停止踏板
→老鼠得了溃疡，憔悴、衰弱

[塞利格曼（Seligman），1967]

遇到烦恼的时候，
赶快找人去倾诉吧，千万别拖到无法挽回的地步。

17 联系
Connect

和 15 个人建立深厚的关系

在上一节中我讲过，当您遇到困难或烦恼的时候，应该及时找人倾诉。可是当我提出这个建议的时候，有朋友的回答竟然是："我身边就没有人可以倾诉。"这就引出了一个新问题——平日里我们要注重人际关系的维护。

当您遇到一个重大困难的时候，您会找一个平时都不怎么联系的人商量吗？肯定不会。可以倾诉、商量的对象，一定都是平时就非常亲密的亲人、朋友等。

那么我们在平时应该怎么交朋友？怎样维护人际关系？怎样加深彼此之间的关系呢？

根据社会学家的研究，人际关系可以分为八种类型。人与人之间的关系，就像一个多重的同心圆。自己是圆心，距离圆心越近的人，和自己关系越深，但这样的人也越少。

能发展到**"好朋友""倾诉对象""治愈者"这么深入的朋友**，至多也就 10 个人。一般来说，一个人的"好朋友"不到 10 个人，而其中能成为"倾诉对象"的人，更是不会超过 5 个。

如今是网络时代，现代人在 SNS（社交网络）上会和很多人"交往"。我们每天都会花很多时间在社交网络上和别人发消息、给别人点赞。看上去我们的"朋友"有几十、上百人。但是，**同时和超过 15 人进行"深入交往"，在心理学和社会学上都是不可能的**。

试想，您在微博、微信上交的那些朋友，当您遇到困难的时候，会找他们倾诉吗？**可能其中大部分都不会成为您的"倾诉对象"**，而他们也不会真正向您伸出援手。

对于"好朋友"，我个人觉得有 3 个就足够了。从小一起长大的好朋友、职场上的好朋友、兴趣爱好一致的好朋友，上述三种好朋友，一种一个人就够了。我遇到困难或烦恼的时候，就可以找他们倾诉、商量。

能够给我们雪中送炭的，永远是那些平时交往很深的亲朋好友。您在社交网络上即使有成百上千的"好朋友"，但其中绝大多数都是"点赞之交"，当您需要帮助的时候，是指望不上他们的。

可是，为了维护那些"弱联系"的众多"朋友"，您需要花费大量宝贵的时间。我认为这是一种浪费时间、浪费生命的行为。我可以断言，**现在的大部分人，交的朋友都太多了。**

试想，您和 100 个"弱联系"的朋友每人见一次面，需要花多少时间？如果把这些时间与 10 个"强联系"的朋友每人见十面，哪个更好呢？我认为应该选择后者，我们要把时间花在"强联系"的那几个朋友身上，**和他们建立更加深入的关系。**

人际关系的八种类型

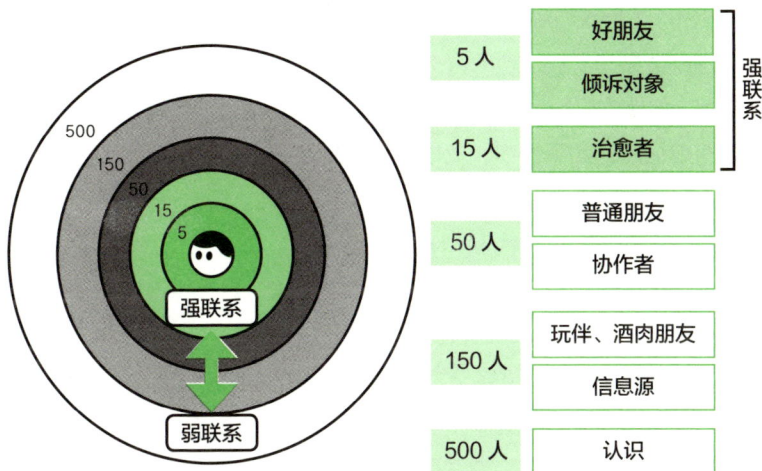

		强联系
5 人	好朋友	
	倾诉对象	
15 人	治愈者	
50 人	普通朋友	
	协作者	
150 人	玩伴、酒肉朋友	
	信息源	
500 人	认识	

强联系的朋友，最多控制在 15 人以内

参考：《网络以集团的形式进化》（波尔·亚当斯著）

朋友不需要太多，
真正的好朋友有 3 个就够了。

18 表扬 1
Compliment People

表扬使人成长

　　您可能不太相信，但现实中确实有很多人不善于"赞美""表扬"别人。也有一些人担心："对部下表扬太多，容易让他们骄傲起来。"这种情况确实存在，但并不是因为"表扬"这个行为本身有问题，而是"表扬的方法"出了问题。

　　"赞美""表扬"别人，算不算输出？我可以肯定地告诉您，**"赞美""表扬"不仅是输出，同时也是反馈**。不善于"表扬"别人的朋友，我建议您别把"表扬"仅仅当作"夸奖"，而把它看作一种"反馈"，这样就容易做到了。

　　比如，您的部下做了一项工作，但他所付出的辛苦是好是坏，只有当工作有结果的时候，他本人才能判断。这个时候，作为经验更加丰富的上司，您就该出场了。如果您判断他的行动正确，就该加以"表扬"；如果判断他的行动不恰当，就该及时"批评"。不管"表扬"还是"批评"，对部下来说都是很好的反馈，他们可以据此判断自己行为的恰当性，总结经验教训，指导日后的工作。

　　如果这次的行动"正确"，那么部下下次遇到类似的情况还会采取同样的行动，并不断提高这种行动的精确度。如果这次的行动有"不恰当"之处，在上司的批评、指导下，部下能找出问题的原因，制订改善策略，以防下次还犯同样的错误。

　　通过恰当的"表扬"和"批评"，激发部下用自己的大脑去思考，最终实现"自我成长"。

　　您作为上司，您恰当的"表扬"和"批评"，是对部下行动的一种反馈。结果，部下会不断提升自己，采取的行动越来越正确，给公司带来的利益也越来越大。

如果上司既不"表扬"也不"批评"部下，部下就得不到反馈。那么，输入、输出、反馈这个成长循环就没法正常运作，部下当然难以实现"自我成长"。

也有的上司总喜欢对部下说："你自己思考！"可是，所有事情都让部下自己去思考，反而容易让部下陷入"思考停止"的状态。而上司的重要作用之一，就是给部下一定程度的指示，让他们看清方向（反馈），这样才能帮助部下快速成长。

另外，当人受到表扬的时候，脑内会分泌一种幸福激素——多巴胺。**快乐的情绪涌上心头，同时涌起的还有更加努力工作的干劲——下次我一定要再接再厉！**

综上所述，在引导别人成长的过程中，"表扬""赞美"是必不可少的。

"表扬""批评"都是"反馈"

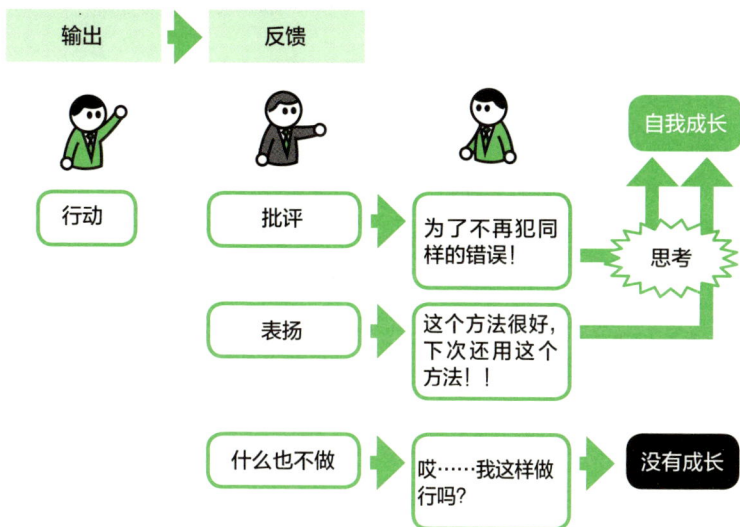

| 输出 | ➡ | 反馈 |

行动		批评	➡	为了不再犯同样的错误！	➡	思考	➡	自我成长
		表扬	➡	这个方法很好，下次还用这个方法！！			
		什么也不做	➡	哎……我这样做行吗？	➡	没有成长

> 表扬 – 反馈。
> 别人做得好的地方，要多多表扬。

19 表扬 2
Compliment People

高明的"表扬方法"，不会让对方得意忘形

读了前一小节，您应该已经理解了"表扬"的重要性，但一进入具体的实施阶段，很多人就手足无措了。因为错误的"表扬方法"不仅不能起到促进部下成长的作用，说不定还会让部下骄傲起来。

那么，下面就为您介绍可以帮助别人成长的四种"表扬方法"。

（1）表扬"行为"而不是"结果"

从被表扬者的角度来看，当人的某种行为被表扬时，他的这种行为就会得到心理上的强化，下次还会重复这种行为。所以，作为表扬者，**我们应该表扬人的正确"行为"**，而不是行为得到的"结果"。

（2）表扬具体细节

假设，您的部下签了一个一亿日元的大单。如果您表扬他："哇！你签了一亿日元的大单，真的很厉害！"这属于表扬结果，并不是我们推荐的好方法。如果是我，我会这样表扬部下："你能签下这一亿日元的大单，是因为你一直从客户的角度出发考虑问题，为了满足客户的需求，你反复修改企划案，直到客户满意为止。这种坚忍不拔的精神，真的很了不起！"这样的表扬方法，**把部下努力的过程非常具体地赞美了一遍**，让他觉得"今后我还要这样努力！"。

只表扬"你签了一亿日元的大单，真的很厉害！"，让部下并不知道自己哪里做得好，对以后的工作并没有多大的指导意义。只会让部下感觉："我确实很厉害！在同事中我已经是第一名了！"可想而知，这种骄傲的情绪对人的进步并没有好处。

（3）满足对方的"尊重需求"

大家可能都听说过著名的"马斯洛需求层次理论"。**人都渴求被人认可、被人尊重，这种"尊重需求"在人类的所有欲求中也处于比较高的层次。**

所以，如果我们的表扬能够满足对方的"尊重需求"，则能大幅度提高他的工作干劲和热情。

举例来说，"听说你签下如此巨额的大单，总经理很高兴""你这次签下的大单，对公司的发展做出了巨大贡献！"。这样的表扬方法，强调了对方的行为对他人、集体做出的贡献，可以极大满足对方的尊重需求。

另一方面，也有人喜欢用金钱、物质的回报奖励有功劳的人。但人对物质的欲求是很贪婪的。如果这次以重金作为奖励，那么下次不给更多的钱，对方是难以满足的。

但人的尊重需求，并不存在贪婪的心理。也就是说，如果我们的表扬方法能够满足对方的尊重需求，那么**不管表扬 10 次，还是 100 次，都能取得同样的效果**。

马斯洛需求层次理论

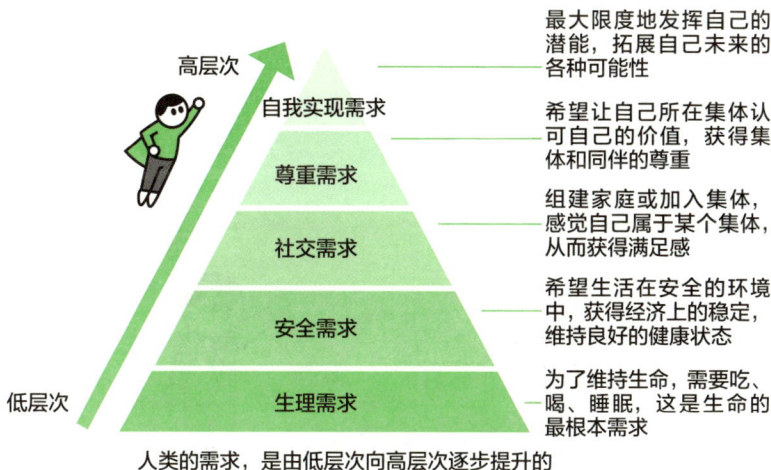

高层次

自我实现需求 —— 最大限度地发挥自己的潜能，拓展自己未来的各种可能性

尊重需求 —— 希望让自己所在集体认可自己的价值，获得集体和同伴的尊重

社交需求 —— 组建家庭或加入集体，感觉自己属于某个集体，从而获得满足感

安全需求 —— 希望生活在安全的环境中，获得经济上的稳定，维持良好的健康状态

生理需求 —— 为了维持生命，需要吃、喝、睡眠，这是生命的最根本需求

低层次

人类的需求，是由低层次向高层次逐步提升的

参考：《人本主义心理学》（A.H. 马斯洛著）

（4）进行书面表扬

一提到表扬，我们想到的可能大多是口头表扬，但如果能以信件、邮件等书面形式进行表扬的话，则会获得更好的效果。书面形式的表扬可以保存下来，被表扬者能够反复看。**每看一次，都会满足一次，我们也就获得一次"表扬的效果"。**

日本有一个"表扬育人财团"，其宗旨是通过表扬来培养人才，并在全世界推广他们的表扬育人活动。"表扬育人财团"的代表理事原邦雄先生是我的好朋友。原邦雄先生在表扬下属的时候，会专门填写一张"赞扬表"，然后直接交给被表扬者。这样的表扬方式比口头表扬，效果要好好几倍。

"昨天你做的企划书非常棒，部长看了很高兴。"像这样当面口头表扬自然很好。但如果能把这句话通过邮件发给部下，那将更大地激发他的工作积极性。

通过"表扬／被表扬"，人与人之间的关系会逐渐加深。没有人讨厌被人表扬、赞美的。人类有一个特性，就是对于认可自己的人，都会抱有好感。所以，高明的表扬方法，可以创造一个积极向上、和谐友善、效率极高的工作环境。

表扬与亲密度的关系

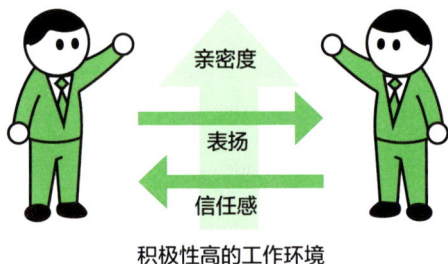

亲密度

表扬

信任感

积极性高的工作环境

"赞扬表"，使"表扬"效果倍增

这里做得好！

赞扬表

年　　月　　日

至 ——————————— 于 ———————————

真棒！　　　　　　　　　　　　　　　　描述具体细节，50 字以上

50 字

了不起！　　　　　　　　　　　　　　　描述具体细节，50 字以上

50 字

谢谢！　　　　　　　　　　　　　　　　描述具体细节，50 字以上

50 字

选自《"赞扬表"带来干劲、笑容和繁荣的公司》

（原邦雄著）

表扬对方优秀的"具体行为"，
满足其"尊重需求"。

20 批评 1

Scold

发怒是为自己，批评才是为了别人

有研究人员对刚入公司的新员工进行了一项问卷调查。问卷中有一个问题是："如果上司、前辈因为正当的理由批评你，你愿意接受批评吗？"对于这个问题，78.5% 的新员工回答："愿意接受。"

另一个问题："你认为批评对你的成长有帮助吗？"结果，有 87.7% 的新员工回答："有帮助。"由此可见，**大部分新员工愿意接受批评，并把批评当作成长的一种动力**。

但是，上司仅仅为了发泄个人情绪而责骂部下，算不上正确的批评，不仅对部下的成长没有帮助，还会破坏人际关系的和谐。现实中，很多年轻员工不愿意去上班，就是因为在公司被上司骂怕了。那么，什么样的批评方法，才能成为帮助部下成长的助推器呢？

关于"批评"，对新员工进行的问卷调查

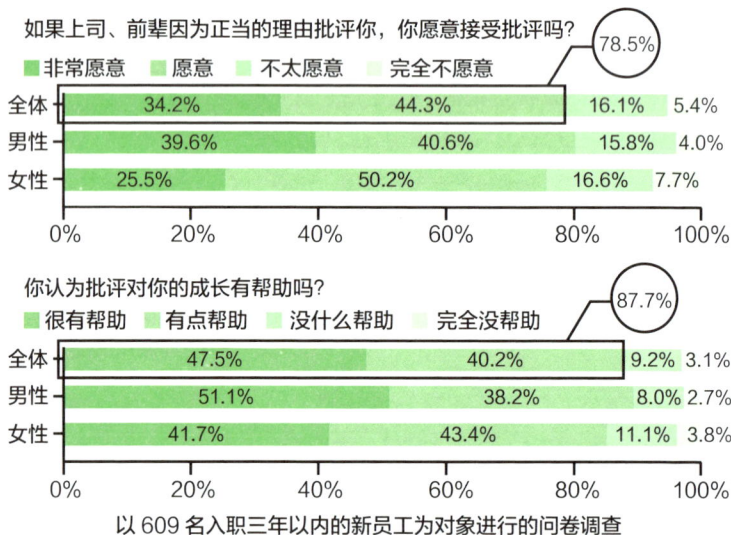

如果上司、前辈因为正当的理由批评你，你愿意接受批评吗？

■非常愿意 ■愿意 ■不太愿意 ■完全不愿意

78.5%

	非常愿意	愿意	不太愿意	完全不愿意
全体	34.2%	44.3%	16.1%	5.4%
男性	39.6%	40.6%	15.8%	4.0%
女性	25.5%	50.2%	16.6%	7.7%

0% 20% 40% 60% 80% 100%

你认为批评对你的成长有帮助吗？

■很有帮助 ■有点帮助 ■没什么帮助 ■完全没帮助

87.7%

	很有帮助	有点帮助	没什么帮助	完全没帮助
全体	47.5%	40.2%	9.2%	3.1%
男性	51.1%	38.2%	8.0%	2.7%
女性	41.7%	43.4%	11.1%	3.8%

0% 20% 40% 60% 80% 100%

以 609 名入职三年以内的新员工为对象进行的问卷调查

"批评"，是对"失败""不好的结果"的一种反馈。从结果来看，**"批评"能够启发被批评者"自我反思"，寻找解决问题的"对策"，改变以前错误的"行为"，促进其"自我成长"**。

也就是说，批评的目的是让对方变得更好。作为上司，要站在**"For You"（为人）的角度**来批评部下。

可是，有的上司在批评部下的时候，容易陷入"For Me"（为己）的误区，那样的话，会出现什么样的情况呢？为了自己批评别人，其实是在发泄自己心中的怒气，此时的上司已经被愤怒冲昏了大脑。这不再是"批评"而变成了"发怒"。上司"怒骂"部下，是想通过情绪暴力来支配对方。结果必定遭到部下的心理抵触甚至反抗。

要问正确的批评方法是什么？我告诉您，批评人的时候，最重要的是**"指出你希望对方改正的具体行为"**。"你给我损失了一亿日元！"上司这样的怒骂，只是发泄自己的情绪。如果不能具体指出问题点，比如"是不是和客户沟通过程中产生了误会？"，那批评就无法引导部下反思、学习，改正错误。还有另外一种方式也可取，就是**让部下自己思考失败的原因，并寻找对策**。比如说："造成这么大的损失，你觉得是哪个环节出了问题？"如果部下一时还理不清头绪，上司再给出一些提示，引导他一起思考。

"批评"，最重要的目的是防止对方再犯同样的错误，而不是惩罚他过去的错误。只有让对方醒悟，并找到对策，"批评"这种反馈才真正起到了作用。

促进自我成长的批评方法

- 不发怒，不要感情用事
- 指出希望对方改正的具体行为（促进对方行为上的变化）
- 别忘了批评是一种反馈（引导对方思考失败的原因，寻找对策）
- 通过"批评""接受批评"，建立相互信任的人际关系

责骂"你是怎么搞的？！"，
不如指导"你应该这样做！"。

21　批评 2

Scold

没有信任关系的话，批评只会起到反作用

前一节给大家讲了"可以促进对方自我成长的批评方法"，但实际上，为了让批评和接受批评能够顺利进行，还需要重要的大前提——**信任关系**。

对于第一天来上班的临时工，或者刚入职不到一个月的新员工，不管上司的批评多么有道理、方法多么正确，只要过于严厉的话，都有可能在第二天见到该员工的辞职信。为什么会这样？因为**没有信任关系作为基础的话，"批评与接受批评"是无法成立的**。

上司和部下之间的交往，需要一种"父爱"。上司应该像父亲一样教育部下，希望部下像自己的孩子一样不断成长，对他们的未来充满期待。为了让孩子成长得更快、发挥出更大潜力，就需要对他们进行指导，在他们做错事情的时候提出批评，帮他们走得更快、更稳。

同样，**部下对上司应该怀有某种敬意或敬畏**。如果部下对上司缺乏尊重的感情，那就不会把上司的批评放在心上，甚至还会在心里产生抵触。比如："那家伙胡说什么呢？""真啰唆！""他自己也没什么本事，却还一副了不起的样子。"所以，上司要有上司的样子，要有让人敬佩的本领和魅力。这样部下才能信任上司、仰慕上司，"我也要成为上司那样了不起的人"。心里产生这样的想法，部下才可能听从上司的批评教诲。

"批评" 的大前提

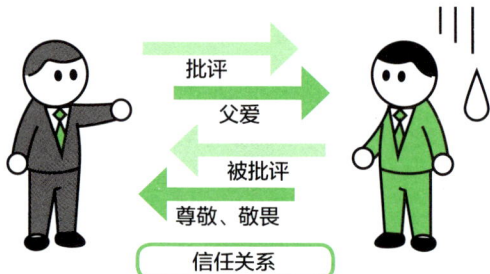

批评

父爱

被批评

尊敬、敬畏

信任关系

"批评与接受批评"成立的前提条件是彼此的信任关系

只有像这样，上司给予部下父亲般的关爱，部下对上司充满敬意，彼此建立起深厚的信任关系，才能使"批评与接受批评"顺利进行。

"父亲的爱""父亲的力量"被称为"父性"。谈到"父性"，大家常会用"强"或"弱"来衡量。但**"太强的父性"在人际交往中容易起到负面作用**。极端的例子就是在家里对妻子、孩子施加暴力的父亲，还有电影《星球大战》中的黑武士——达斯·维德。想靠力量来支配别人的人，最终不会受到尊敬。

具有一定"强大的力量"，同时又有闪光人格魅力的上司，才能受人尊敬，才能发挥领导作用。所以，要成为一名好上司，您知道该怎么做了吧。成为好上司并不是最终的目的，目的是建立和谐、平衡的上下级关系，指导部下更好地工作、更好地成长。

理想的父性是什么样的？

父性强

Very Strong Father
过度强硬的父亲

Good Father
好父亲

平凡
平庸
被轻视

Ordinary Father
普通的父亲

人格魅力
个性
受尊重

Weak Father
软弱的父亲

父性弱

改编自《爸爸去哪儿了？——电影中的现代心理学分析》
（桦泽紫苑著）

想通过力量说服别人之前，
先努力赢得别人的尊重。

22 道歉
Apologize

"道歉"并不等于"失败"

有些人不管自己做了什么错事,也不愿意道歉,还会到处找借口给自己开脱。您遇到过这样的人吗?调查显示,男性中,越是"地位高"的人,不愿意道歉的倾向越强。

为什么有些人不愿意大大方方地道歉呢?因为他们自尊心颇高,认为道歉就是认输,自身的价值会受到否定。在他们看来,道歉就等于自尊心受损、颜面扫地。但是,向别人道歉,承认自己的错误,真的会降低别人对我们的评价吗?我们的价值真会受到影响吗?

曾经有研究人员组织了这样一个心理实验:让参加实验的受验者做一个项目,而且给每个受验者配了一个助手。但助手是研究人员事先安排好的"托儿",他们会故意"帮助"受验者把项目做失败,以使受验者在研究人员那里获得较低的评价。

不过,这些助手被分成四组,每一组事先安排了不同的行动。分别是,关于项目的失败,助手向受验者道歉/不道歉;助手当着研究人员的面向受验者道歉/在研究人员不在场的情况下向受验者道歉。"当着研究人员的面向受验者道歉",研究人员知道失败是助手的责任,就不会降低对受验者的评价;但"在研究人员不在场的情况下向受验者道歉",研究人员认为失败是受验者的责任,则会降低对受验者的评价。

最后,研究人员让受验者对自己的助手做出评价。

道歉反而使评价提高

	实验助手的态度	受验者获得的评价	【结果】 受验者对助手的评价
第一组	道歉	不降低	高
第二组	道歉	降低	高
第三组	不道歉	不降低	低
第四组	不道歉	降低	低

参考:《关于道歉的研究》(大渕宪一著)

结果，不管研究人员对受验者的评价是否降低，只要助手向受验者道歉了，受验者对助手的评价就比较高。

也就是说，**道歉会使别人对自己的评价提高**。很多人认为，如果自己道歉的话，说明自己承认失败，别人一定会看不起自己（对自己的评价降低），所以不愿意真诚地道歉。但前面的实验告诉我们，**真诚的道歉不但不会让我们损失什么，还会给我们带来好处**。

另外，"道歉"还是对输出的一种"反馈"。能够道歉，说明我们在感情上已经接受了"失败这一现实"。而道歉的结果，会促使我们进行反省，进一步就是寻找解决方案。

而不愿意道歉，换句话说就是"不承认自己的错误""不想承担责任"，会使输入、输出、反馈的循环无法顺利运转，升级提高就更无从谈起。结果人无法实现"自我成长"，**以后还会犯同样的错误**。

那些抗拒"道歉"的朋友，我建议你们把"道歉"看作一种"反馈""自我成长的食粮"来思考。而且，如果您知道"道歉"不但不会降低自己在别人心目中的形象，还会提高他们对自己的评价，"道歉"就不再会是一件难以启齿的事情了。

真诚的道歉，赢来的是尊重

非常对不起！

看来他从失败中学到了教训。

评价提升 ⬆

低下您高贵的头，
其实并没有那么难。

23 解说 1

Explain

从"含义记忆"转变为"情节记忆"

很多不善于输出的朋友，也认为向别人解说一件事情非常困难。反过来可以说，向别人解说一件事情，是锻炼自己输出能力的好方法。另外，在向别人进行解说的过程中，解说的内容也会深刻地留在我们的记忆中。

三角形面积公式是小学阶段学习的内容。我们都知道，三角形面积 = 底边 × 高 ÷2，但这个公式是怎么推导出来的？该如何把其中的原理讲解给别人？恐怕很多朋友都要发愁了。

三角形的面积公式

请解说：三角形面积 = 底边 × 高 ÷2

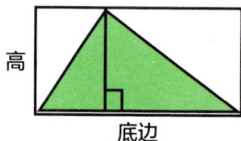

高   底边

"首先，如上图所示，在三角形的外围画一个长方形，再从三角形上方的顶点向底边画一条垂直线。这样一来，我们可以得到左右两个小长方形。而每个小长方形的一半，即绿色部分，组合起来就是原来的三角形。也就是说，大长方形的面积是三角形面积的两倍。大长方形的面积等于'底边 × 高'，那么三角形的面积就等于底边 × 高 ÷2。"

如果您能像这样给别人讲解三角形面积公式的推导过程，那么，三角形面积公式绝对已经成了您的永久记忆，再也不会忘了。

在给别人解说的过程中，我们大脑中原本的**"含义记忆"就会转变为"情节记忆"**，记忆的深度增加了许多。所谓"含义记忆"，就像"apple=苹果"那样，是一种关联性比较薄弱的组合。而"情节记忆"是把发生或经历的事情以故事的形式记忆下来，有情节的故事，前后联系紧密，记忆起来更加深刻。

"含义记忆"的特点是不容易记住，且遗忘快；"情节记忆"正好相反，容易记忆，遗忘慢。

"三角形面积 = 底边 × 高 ÷ 2"，单拿这个公式来说，它只是一些符号、数字的组合，属于"含义记忆"。不好记，还容易忘。但如果把这个公式的推导过程讲给别人听，那么不但讲解内容，讲解本身也变成了有情节的故事。结果，转变成"情节记忆"后，马上就记住了，而且过多久都不会忘记。

通过为别人解说，**不仅可以加深对方的理解和记忆，也可以加深我们自己的理解和记忆**。可以说，"解说"是最佳的输出训练法，也是锻炼大脑的好方法。

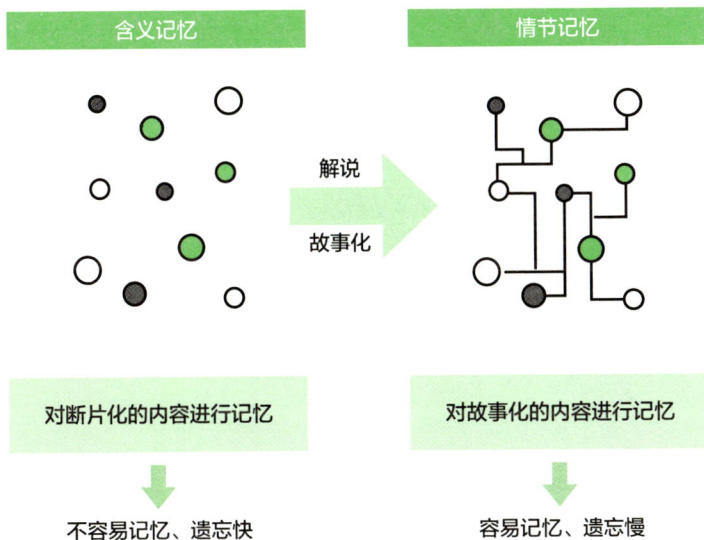

含义记忆	情节记忆

解说
故事化

对断片化的内容进行记忆　　　对故事化的内容进行记忆

不容易记忆、遗忘快　　　容易记忆、遗忘慢

想记住的事情，
我们可以用自己的语言把它给别人讲一遍。

24　解说2

Explain

"自信大方的态度"+"准确的依据"

前面讲过，给别人做"解说"，可以加深自己的记忆，可以说是一种非常好的大脑训练方式。虽然我们已经了解了"解说"的重要性，可一旦有人请我们"解说一下某件事情"，很多人又不知如何开口了。

这一小节就为您介绍七种"帮您准确解说的方法"。

（1）大声、清晰地说话

很多不善于解说的朋友，是因为缺乏自信，说话的时候没有底气，声音太小。这样的话，即使您解说的内容再有道理、再正确，对方也不一定听得进去。所以，不管怎样，给别人解说的时候，最低限度要做到"**说话声音大**"。也就是说，要注意"非语言沟通"。

（2）自信大方

缺乏自信的人，说话时会通过态度、声音表现出来。也就是通过非语言交流信息表现出来，那样，不管您说得多有道理，对方也会产生怀疑，心想："真的还是假的哟？"所以，**自信大方**的态度，是让别人相信自己的第一步。

（3）先说要点

很多不善于解说的人，说了半天，对方还是云里雾里不知所云。为什么会出现这种情况呢？因为解说的人迟迟没有说出要点或结论。所以，建议大家先把最关键的地方说出来。

比如，"我赞成他的意见。因为……"按照**"结论"+"理由"的顺序进行解说**，不仅逻辑清晰，也更便于对方理解。

（4）简明扼要

可能很多朋友都以为："我讲得越详细，对方越容易理解。"但实际上，讲得越多，越容易让对方造成混乱，越不容易理解。所以，解说应该**简明扼要**。如果讲的内容确实很长又很复杂的话，那应该尽量拆分成短句子，哪怕多一些句子也没关系，但每一句至少应该做到简短、明了。

（5）举例说明

在讲解的时候，**举出具体的例子进行说明，能使解说变得生动、形象，更容易理解**。所举的例子应该尽量贴近生活、形象、生动、容易想象。而且，最好在平时多收集一些例子，以便解说的时候可以信手拈来。

（6）引用权威的结论

引用权威的结论、语言，可以极大地增加自己的说服力。我写这本书的时候，就引用了不少著名大学的研究成果，比如"据哈佛大学的研究……"。不过，在给人进行解说的时候，我们没有时间临时去寻找权威的结论。所以，需要我们平时注意积累，多读书学习，把一些经典的权威结论储存在大脑中，保证在需要的时候能够随时提取出来。

（7）使用数据

"大多数人表示赞成" VS. "89% 的人表示赞成"，"减肥效果非常好" VS. "减肥 10 公斤"。请大家对比上述不同的表达方法，您觉得哪种说法更有说服力？毫无疑问，肯定是使用了具体数据的表达方式更令人信服、更有说服力和冲击力。所以，**在解说的时候，别忘了使用数据**。但一定得是真实可靠的数据。

高明的解说公式

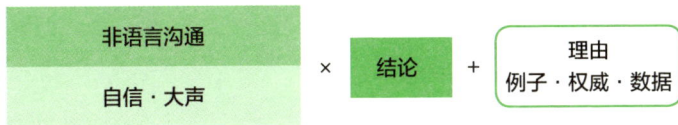

$$\boxed{\begin{array}{c}\text{非语言沟通}\\ \text{自信·大声}\end{array}} \times \boxed{\text{结论}} + \boxed{\begin{array}{c}\text{理由}\\ \text{例子·权威·数据}\end{array}}$$

"自信大方"地先从"结论"说起，
仅仅如此，就能大幅提升说服力。

25　敞开心扉
Be Open

说出真心话，让人际关系更深入

现实生活中，很多人不太愿意向别人"倾诉真心话"，而"说出自己的弱点"就更不可能了，因为他们害怕这会给自己带来不利的后果。尤其是日本人，更不善于"敞开心扉"，他们大多选择"隐忍""沉默"。有些日本人甚至认为向别人"说出自己的弱点"简直是最愚蠢的事情。

但实际上，主动"**敞开心扉**"对于加深人际关系、增进沟通的深度，都起着至关重要的作用。

为什么这么说？因为当我们主动把"自己的秘密""自己的弱点""自己的负面信息"坦诚说出来（自我开示）的时候，可以拉近对方与我们的"心理距离"。心理学上有一个**"自我开示法则"——两人相互自我开示越多，彼此之间的亲近感越高**。

心理学家奥尔特曼和泰勒主张，"人通过相互的自我开示，可以更多地了解彼此，增进相互之间的信任，从而形成互抱好意的正向人际关系"（社会性浸透理论）。

因为当我们向一个人袒露心声的时候，对方会觉得"他不愿跟别人说的话，都告诉了我……"。他会觉得我们更重视他，把他当作特殊的朋友，所以也会对我们报以同样的感情。由此可见，**自我开示的幅度越大、深度越深，对方对我们的好意也就越多**。

自我开示法则

我刚进入公司的时候，曾经犯了一个超级大的错误……

自我开示

亲近感

那种事他都愿意告诉我，看来没把我当外人。

自我开示可以换来对方的亲近感

虽说敞开心扉自我开示可以拉近彼此的关系，但要注意，假如面对第一次见面的人，就做深度的自我开示，也不太好。比如，在相亲的时候，第一次见面就和对方说："我小的时候，遭受过父母的虐待。"这样恐怕只会把对方吓跑吧。所以，我们要根据对方心扉敞开的程度，一点一点适度地进行自我开示，一定要把握好尺度。

当对方因为陌生，出于自我防御的本能而不愿敞开心扉的时候，我们可以稍稍透露一些自己的真心话。借此让对方放下心里的防备，做好接受我们的准备。交往时间长了，彼此的了解不断加深之后，我们可以把握好时机讲一些更深层次的心里话，进一步拉近彼此的关系。

总而言之，对于初次见面，又想深入交往的人，我们可以稍微打开心门，讲一点点心里话。

当我们进行自我开示之后，对方也会相应地敞开心扉。这叫作"自我开示的回报性"。人与人就是在相互敞开心扉的过程中，不断加深关系的。

把握好"敞开心扉""自我开示"的时机和尺度，能帮我们与周围的人建立和谐、深入的人际关系。

自我开示的回报性

自我开示

自我开示

自我开示

自我开示

相互反复地进行自我开示，彼此的心扉就会逐渐向对方敞开

不要总是展现自己帅酷的一面，
出糗的事情也可以拿来聊一聊。

26　自我介绍
Introduce Yourself

自我介绍要准备"30 秒""60 秒"两种方案

当我们第一次参加某个聚会的时候,肯定会被要求进行"自我介绍"。

有些朋友在做自我介绍的时候,能够很流畅地说出自己的特点,给人留下深刻的印象;也有些朋友因为紧张的缘故,只报个名字就不知道该说什么了。也就是说,人大体可以分为两种——"善于自我介绍的人"和"不善于介绍自己的人"。

我想,人这一辈子要对别人进行自我介绍的场合应该不会少于 100 次。所以,如何向陌生人介绍自己、展示自己,还是非常重要的。这方面不太擅长的朋友也不用太担心,其实可以通过练习提高自我介绍的能力。

水平高超的自我介绍,其实非常简单。**首先写一份自我介绍的稿子,然后反复朗读,直到流畅背诵即可**。就这么简单,前前后后只要 30 分钟就足够了。

在我看来,自我介绍可以分为长短两种类型,事先准备长短两个版本,一般就可以应付大多数的情况。有的时候,也会遇到指定时间的自我介绍。比如,主持人说:"给你 30 秒时间做自我介绍。"不管怎样,我们事先准备**"30 秒""60 秒"两个自我介绍版本**就足够了。

"30 秒"大约能说 100 个汉字,"60 秒"能说 200 字左右。按照这个标准写稿子,您会发现其实关于自己,想说的还挺多的呢。

另外,想让自己的自我介绍有特点,能给人留下深刻的印象,或引起别人的共鸣,您需要了解以下六个要点。

（1）浅显易懂

您认为自我介绍的目的是什么?我觉得是让别人记住"我是谁,我做什么工作"。但很多人自我介绍之后,别人并不知道他是做什么工作的。

比如"我在 WY 公司担任 CRM（客户关系管理）"。

听者可能一头雾水。"什么公司？CRM是什么职务？"自我介绍的目的就是让别人了解自己，可是使用晦涩难懂的专业术语，恐怕往往适得其反。所以，**自我介绍时，应该使用浅显易懂的语言，不要让别人听不明白。**

（2）多加入差别化的内容

假如有一个人做完自我介绍之后，我们感觉："这么说来……他到底……是怎样一个人呢？"这说明他的自我介绍很失败，没给人留下什么印象。多半是因为他的自我介绍没有什么特别的地方。

通过自我介绍，为了**让别人记住我们**，我们应该多加入一些与众不同的内容。比如，"自己的长处""擅长的事情""独特的技能""自己区别于众人的地方"等。

（3）多用数据

在自我介绍的时候，多用数据有助于制造差异化，也能更直观地把自己的强项展现出来。

举个例子，说"我喜欢看电影"，不会给人留下特别的印象，但如果说"我每年至少要看100部电影"，那就能让别人感觉到你对电影的强烈热爱。说"我是畅销书作家桦泽"，也不太出彩，如果说"我是作家桦泽，我写的书已经累计销售了50万册以上"，自然让别人觉得"哇！好厉害！"。

（4）加入自己的"愿景"

"愿景""目标""使命"等，**自己想实现的事情，一定要写入自我介绍里。因为这些是指导我们思考、行动的方针**，表达出来能够引起别人的强烈共鸣。自我介绍之后获得别人声援的可能性很大。

那些没有"非常显眼的特长""与众不同的地方"的朋友，就适合把自己的"愿景"热切地表达出来，借此给人留下深刻印象。

（5）注意非语言沟通方式

在人与人的沟通过程中，很多情况下"说什么"没有"怎么说"重要。

自我介绍的时候，如果我们姿态扭扭捏捏、声音细小、结结巴巴，可能别人连我们的名字都听不清……

而且，以这种状态做自我介绍，不管内容多么精彩，别人也会听得索然无味，只会留下负面的印象。

前面已经讲过，人与人初次见面时，第一印象大部分**来自非语言信息**。所以，我们在做自我介绍的时候，一定不要忽视自己发出的非语言信息。尽量做到**抬头挺胸、面带笑容、声音洪亮、落落大方**地向别人描述自己。仅仅是做到这一点，就足以给别人留下一个好印象。

（6）强调个性，给自我介绍锦上添花

自己在别人眼中是一个什么样的形象？自我介绍，就是在短时间内向别人展现"自己追求的理想形象"的好机会。所以，我们在平时就要多多思考，自己所追求的理想形象是什么样子？自己希望别人怎样看待自己？以及如何实现这个追求。

换言之，就是在自我介绍时强调自己的"个性"。如果能很好地展现出自己的个性，那这个自我介绍就更加富有魅力了。

自我介绍，是人与人交往、沟通的入口，是交到好朋友的绝佳机会。掌握高明的自我介绍方法之后，不仅能在工作中帮我们拓展业务，也能在生活中帮我们交到好朋友，找到终身伴侣。

为此，希望大家参考以上几点技巧，认真撰写自我介绍的稿子，然后反复朗读、背诵。做到烂熟于心，在任何需要自我介绍的场合，马上就能流利地表达出来。

第一印象受非语言信息的左右

很多情况下"说什么"没有"怎么说"重要

自我介绍的例子

令人印象深刻，又能引起共鸣的自我介绍要点

我叫桦泽紫苑，是一名神经科医生，同时也是一名作家。

自己是干什么的

我通过网络杂志、Facebook、YouTube 等网络媒体，向大众传播精神医学和心理学知识。到目前为止，受众已经超过了 40 万人。

差别化、数字化

我还出版了 28 本书籍。

差别化、数字化

虽说神经科医生的主要工作是帮助患者治愈心理疾病，但我不太喜欢墨守成规。

差别化（自己的性格、理念）

我认为"预防"应该是神经科医生的首要任务。我通过各种途径向世人传播心理学知识，就是希望挽救更多的心理疾病患者。

愿景

请多多关照。

结束语

200 字左右 =60 秒

事先准备好自我介绍的稿子，
遇到突发情况，也不会慌张。

27 营销 1
Deliver Value

不是"推销商品"而是"传递价值"

大多数日本人都不太善于"把东西卖给别人",甚至有些人对"营销"这种行为怀有负面印象。因为在很多日本人的价值观中,认为"金钱是卑劣的东西"。

"营销"到底是怎样一种行为呢?不管怎样,它绝不是"把商品强卖给谁"。

"营销"其实是**把商品"真正的价值""真正的好处""真正的魅力"准确地传达给顾客**。从结果来说,"营销"行为可以激发顾客的购买欲,最终购买该商品。真正的"营销"行为,并不需要"推销",更不可能"兜售""强卖"。

"卖东西"不是最终的目的,最终目的应该是"把商品的真正价值介绍给顾客"。如果您能够理解这一点,就不会再把"营业员""销售员""业务员"看作令人讨厌的职业了。

我会在网络杂志、Facebook 上宣传我的新书和讲座,这也算是一种营销行为吧。比如,我会在我的 Facebook 上发布:"我的新书《为什么精英这样沟通最高效》上市啦!"但是,接下来该怎么介绍我这本新书呢?

营销经验不足或营销水平低的人,接下来肯定会呼吁大家去买,"大家快去买呀!""欢迎大家捧场!"之类的。从顾客的心理来看,**"有价值的东西"才值得买,"没有价值的东西"根本不会动心**。仅此而已。所以,不管我喊多少声"大家快去买呀!",也不能打动顾客。

要想卖商品的话,需要做的事情只有一件,那就是把这种商品的价值传递给顾客。

举例来说,当我的新书《为什么精英这样沟通最高效》面市之后,我会在自己的网络杂志上宣传它。具体宣传方法如下页所示。

这篇介绍文字,没有提一句"请买一本吧",而且只有七项,但读过之后您是不是很想买一本呢?

《为什么精英这样沟通最高效》这本书具有以下的特点：
全日本第一本专门讲解输出学习法、沟通术的书；
从 80 个不同视角出发，介绍输出学习法的具体实践方法，是一本输出学习法的百科事典；
我以神经科医生的身份，以脑科学、心理学的知识为依据，讲解了任何人都可以实践的输出学习法；
书中附有有趣的插图，不喜欢看文字的朋友，也能轻松读懂这本书；
基本上每一小节只有两页。大家可以利用空闲时间读上一两小节，毫无压力。而且，反复阅读效果更佳；
书中介绍的方法、技巧都很实用，难度也不大，读了马上就可以实践，而且实践马上就可以见效；
通过学习输出学习法、沟通术，原本内向、消极的人生，一定能转变成外向、积极的人生！

您想不想读一读这本《为什么精英这样沟通最高效》？实践其中的方法，让自己的人生也走上精英的轨道！

高超的营销之术，不会直接"叫卖"，也不会让人有任何"推销"的感觉，只是向顾客**介绍商品真正的价值**。换句话说，就是向顾客**介绍使用这种商品将会获得的"Benefit"**。"Benefit"是"利益"的意思。购买这种商品之后，顾客将得到什么样的好处，获得怎样的利益，这是销售人员必须向顾客清晰传达的。

顾客的心理

希望买到有价值的商品。

没有价值的商品，看都不想看一眼。

所以，如果能让顾客理解商品的价值，顾客就愿意买。

向顾客介绍"使用该商品获得的好处"，
比介绍"商品特性"更重要。

28 营销2
Deliver Value

当"价值＞价格"的时候，商品就会畅销

当我们把商品的价值、使用商品将获得的好处清晰准确地告诉顾客，顾客就愿意购买我们的商品。营销不是"推销"，而是"传递商品的价值"……当我们把自己当作一名"价值传道者"的时候，营销就会让我们感到无比快乐，也会取得非凡成就。

话虽如此，并不是所有朋友都从事过营销工作，并不一定都能理解营销的窍门。不过没关系，我教您一个"畅销公式"。

这个"畅销公式"是从事商务工作的朋友必须了解的。其实"畅销公式"很简单，就是"**价值＞价格**"。有一种商品，只要它的价格比我们心中期待的价值便宜，我们就想买它。而价格高于价值，我们就不会买它。

假如您在一家寿司店吃一顿寿司需要一万五千日元，可是寿司的口味、店家的服务让您感觉在其他寿司店至少要花两三万日元，那么日后您肯定还会来这家店吃。但是如果您觉得这家店的食物、服务只值一万日元，那下次您绝对不会来了。

虽然很多企业也懂得"价值＞价格"的公式，但非常遗憾的是，为了让这个公式成立，他们选择了一味地降低价格。比如，考虑到很多顾客觉得一碗牛肉盖浇饭卖四百五十日元"贵了"，于是店家就把价格降低到三百八十日元一碗。如果其他企业降价的话，我们就降得更低！这种无下限的价格竞争，让企业疲惫不堪，甚至会被拖垮。现实中就有很多企业正在恶意的价格竞争泥沼中挣扎着。

不降价也能让自家的商品畅销，那就只有提高商品的价值。当然，也可以通过创新，开发全新的、充满魅力的商品来促进销售。但对于现有商品，只要其品质过硬，我们可以**把功夫下在**宣传上，让顾客全面、深入地了解该商品的魅力、好处、利益，那么，"价值＞价格"的公式也会立刻成立。

举个例子，我运营着一个名为"**桦泽塾——神经科医生的工作术**"的线上学习社区。一开始我打出的广告是："深入学习桦泽的工作术和学习法！每月只需一千六百二十日元，就可以收看三个桦泽原创的工作术视频教学片！"

我想，看到这条广告，马上就想申请报名的朋友肯定少之又少。所以，我把广告改成了下面的样子。

桦泽塾有四个重要特点。

"**桦泽塾**——神经科医生的工作术"https://lounge.dmm.com/detail/60/

	（1）内容任意看……桦泽塾以往的所有视频教学片都可以任意看。总共85部，总时长超过50小时。
	（2）输出型学习法……一般的线上课堂，大多是学生看视频教学的被动型输入学习法。但在桦泽塾，我们的教学视频中设置了输出部分。也就是说，我们采取一种主动型、输出型、互动型的学习方式。学习、记忆效果超群。
	（3）双向交流……我会定期在Facebook上以直播形式举办"桦泽塾问答盛典"。所有注册的学生都可以向我提问，我会认真回答。不同于传统线上授课以单向灌输为主的形式，桦泽塾采取师生双向互动教学的方式，效果更佳。
	（4）线下面对面交流……桦泽塾每月会举办两次线下"视频拍摄会"。届时，学生可以和我在线下见面，大家可以直接向我提问。另外，拍摄会之后还会举办茶话会，大家可以畅所欲言。

"内容任意看""输出型学习法""双向交流""线下面对面交流"，所有这四种新颖的教学方式，每月只需一千六百二十日元！也就是买一本书的价格。

通过对**桦泽塾**的四大特征进行详细介绍，让潜在的学生深入了解我们，让他们从内心感觉这么丰富多彩的教学服务绝对超值，每月花一千六百二十日元在**桦泽塾**学习简直太便宜啦！

像这样，我时刻心怀"价值＞价格"的公式，**不去刻意推销自己的服务，只是向大家解说我所提供的服务的魅力所在，让大家觉得有价值。**便能激发大家来跟我学习的欲望。

> 自家商品的价值和魅力到底在哪里？
> 该怎样让顾客知道它们的价值和魅力？

29 感谢
Appreciate

让一切顺利发展的魔法语言——"谢谢"

我们都知道"表达谢意"的重要性，但很多朋友因为性格腼腆，大大方方地向人说一声"谢谢"并不容易。话说回来，说句"谢谢"到底有什么好处呢？

美国伊利诺伊大学的研究人员曾经通过调查发现，心怀感恩、充满正能量、拥有幸福感的人，比不懂感恩、心理阴暗的人，平均寿命要长9.4岁。

还有其他很多研究表明，感恩之心、正能量的感情，能使人的心血管系统更加健康，免疫力也相应提高。通俗地讲，就是"**感恩之心，对身体健康有好处**"。

从脑科学的层面分析，人在心怀感恩，并表达谢意的时候，脑内会分泌多巴胺、血清素、催产素（oxytocin）、内啡肽等激素。这四种激素适量分泌，对我们的大脑和身体都有积极作用。

感谢，仅此一种行为，就可以让脑内同时分泌四种有益的激素，是其他任何行为都做不到的。所以可以说，**感谢，是锻炼大脑的最佳方法**！

另外，血清素和催产素有令人放松、治愈心灵创伤的功效；催产素和内啡肽有提高免疫力的作用。显而易见，这些激素都对人体健康有益。

其中最令人感兴趣的是内啡肽，人在感谢别人和受到别人感谢的时候，都会分泌内啡肽。我们在感谢别人的时候，对自己的身心都有好处。现在我们发现，**当我们受到别人感谢的时候，身心同样会发生积极正面的变化**。

也许有朋友性格内向，不好意思时时把"谢谢"挂在嘴边。但您想想，当受到别人感谢时，没有任何人会觉得不开心。您的感谢，只能让别人高兴，对自己的身心也有好处，何乐而不为呢？在感谢声中，人与人之间的感情加深了，关系密切了，所以，请放下腼腆，大大方方说出您的感谢吧！

不管是医学、脑科学还是心理学，都证明"感谢"对人具有积极正面的作用，可以说，**"谢谢"就是让一切都能顺利发展的魔法语言。**

首先，我建议夫妻之间把以往相互"抱怨"的话都换成"谢谢"，用不了多久，您就能发现夫妻关系会发生翻天覆地的变化。以前是老夫老妻，一句话就烦，现在是相敬如宾，相看两不厌。所以，不管您处在什么样的状况，鼓起勇气，大胆说出那声"谢谢"吧，这就是人生不断变好的起点！

感恩之心促进脑内分泌四种激素

多巴胺	幸福物质	幸福感、提升干劲、提升学习能力、集中注意力、提高记忆力
血清素	治愈物质	安心、镇静、缓和紧张、感同身受
催产素	放松物质	安心、爱、亲切、信任感、提高免疫力
内啡肽	脑内毒品、终极幸福物质	幸福感、放松、集中注意力、提高免疫力

感谢的七大好处

1. 感谢，使人际关系更和谐；

2. 感谢，让人的幸福感提升 25%；

3. 感谢，使人的寿命延长 9.4 岁；

4. 感谢，使人不容易生病；

5. 感谢，可以提高人体免疫力；

6. 感谢，使疾病治愈更快；

7. 感谢，可以缓解人体疼痛。

参考：《不用努力，也能把病治好》（桦泽紫苑著）

不用不好意思，
大胆说一句："谢谢！"

30 打电话
Call People

非常时刻，可以发挥最大效力的通信工具

在工作中一提到"打电话"，很多人觉得那是一种与当今数字时代脱节的落后的**通信手段**。随着互联网、移动互联网的普及，人们通过电子邮件、短信开展工作的比例越来越大，电话渐渐受到了冷落。

不过，虽说电子邮件、短信使用非常广泛，但有些情况还非得"打电话"不可。在当今时代，电话就像一种能在现实和数码之间架起一座沟通桥梁的工具。用好这种工具，将给我们的工作带来极大的便利。

（1）电话是最强的"确认"工具

打电话的好处之一是**速度快，而且确切无误**。电子邮件、短信，我们发出去了，但对方看到没有，我们是不清楚的。虽然有的手机具有提示功能，发出去的短信，对方是否已读，我们可以在自己的手机上看到，但至于对方读懂没有，会不会产生歧义，我们就完全没法把握了。

所以，当遇到"紧急又重要的事件"或"需要马上知道对方的态度、判断或结果"的情况，直接打电话更合适。前段时间，有个年轻朋友向我抱怨："一天，有个特别紧急的事情，我给客户发了一封邮件，等他给我回复。可等了整整一天都没见对方回信。可真把我急死了。"我跟他开玩笑说："你不是急死了，是笨死了。"像这样的情况，直接给客户打个电话确认一下，不就好了吗？

电话，是一种即时**通信工具**，虽然做不到面对面，但至少实时听到彼此的声音。当遇到紧急情况，或需要马上确认对方态度、想法的时候，"打电话"最合适。

（2）打电话前要考虑一下是否会打扰对方

"打电话"沟通，最大的一个缺点就是不知对方当前在做什么，**没准会打断对方的工作**。换个角度设想一下，您正在开会或者和客户进行重要谈判的途中，突然手机响了，您会是什么心情？所以，我们在给别人打电话的时候，很可能也会换一顿骂："我正忙得不行，你打电话就跟我说这个无关紧要的事情？"

另外，当人集中注意力埋头工作的时候，一旦被电话打断，再想集中精神投入工作，至少需要 5 分钟时间的调整。所以，"打电话"还有一个危险性，就是"搅扰对方专心工作"。顺便介绍一下，我平时上午时间是用来专心写作的，这段时间即使有电话打进来，我也不会接的。因为我最不喜欢注意力集中的时候被打断。

为了防止发生这样的情况，对于一些不太紧急又需要沟通的事情，可以先发电子邮件或短信给对方，确认一下他当前忙不忙，如果对方回复说方便接电话，我们再打电话过去。

还有一个办法，就是选择工作之间的休息时间打电话，比如午饭时间、午休时间等。**能够体谅别人、为对方着想的心意**，一定能够传达给对方，根据"回报性法则"，对方也会更加尊重我们。

（3）注意非语言信息

打电话和发电子邮件、短信相比，有一个巨大的好处就是可以听到彼此的声音。而声音中就包含着能够**传达"感情"的非语言信息**，比如，音量、语气、语调等。用短信发一句"谢谢！"，就是冰冷的两个字，对方感觉不到更多的信息。但在电话里向对方说一句"谢谢！"，那就可以包含很丰富的感情和信息。

再比如，请求别人帮忙的时候，一封电子邮件或一条短信，很难传递我们当前的困境和渴求帮助的强烈愿望。但打一个电话，我们可以通过恳切的语言，充分表达自己需要帮助的请求，更容易打动人。所以，

"打电话"和"发邮件、短信"有哪些差异？

打电话	发邮件、短信
快捷	不知对方什么时候看得到
准确	不准确，不知对方是否读了，是否读懂
可能打断对方的工作	不影响对方工作，什么时候看都行
传达感情更容易、更准确	细节部分可以通过文字更精确地传达
不容易留下记录 事后可能因为遗忘、听错或故意刁难，造成纠纷	会留下记录

在求人办事的时候，打电话的成功率要远远高于发电子邮件或短信。

总而言之，想传达"感情"的时候，打电话比发邮件、短信好得多。

（4）传达微妙的语感

您有没有遇到过这样的情况：和客户讨论一个问题，相互之间来来回回发了好多封电子邮件，最终也没把问题说清楚。迫不得已给客户打了个电话，结果只说了30秒，双方就把问题解决了。可见，在某些情况下，打电话沟通的效率要高得多，因为人与人对话，可以传达**微妙的语感**。而这是文字表达难以达到的效果。

这也说明一点，并不是所有情况下，发邮件和短信都一定管用的。

敲一篇比较长的邮件，至少需要几分钟，而且，复杂的问题、包含感情的问题，可能还说不清楚。这时，如果打一通电话，没准一分钟就把问题解决了。可以节约很多时间。

（5）不容易留下记录

打电话沟通还有一个缺点就是不容易留下记录（除非有意录音）。当然，在某种情况下，这也算是一个优点，因为不会留下证据。不过我们暂时不考虑后一种情况。我们说缺点，比如，对方在电话中明明答应了我们，但后来，由于某种原因他反悔了，说："我什么时候答应过？"遇到这种情况，我们也没办法，因为没有记录可以做证。

也有的时候，打电话会出现无心的误会，自己也好，电话那头的人也罢，可能因为环境嘈杂，听不清电话里的声音，把"1200万"听成"1000万"也不是没有可能。

打电话的时候，要替对方考虑周全

现在他会不会很忙？

我的声音会不会太小了？

他会不会讨厌别人给他打电话？

打完电话，我应该再发封邮件跟他确认一下。

所以，我建议大家在通过电话与客户进行重要沟通之后，**最好还是要发一封确认邮件给客户，把电话中商谈的内容以文字的形式记录下来。**

（6）还要考虑对方是否喜欢"打电话"这种沟通方式

打电话、发邮件、发短信……当您不知该用哪种方式和对方联系的时候，可以调查一下对方平时最常用哪种方式，然后根据对方的喜好，选择合适的**通信手段**就可以了。

有的人就特别喜欢用电话联系，即使不是什么紧要的事情，他也希望别人用电话通知他，而不是发邮件或短信。一般年长一点的人，喜欢用电话，因为他们用电话的习惯太久了，而对电子邮件、短信等"新鲜事物"不太感兴趣。

顺便说一句，我这个人就特别不喜欢打电话。身边了解我的朋友都知道，除非是"特别紧急的事情"，否则请不要给我打电话。

以上就是灵活运用"电话沟通"的六个方法。大脑中时刻记住这六条，您就知道什么时候该打电话、哪些事情要打电话、给哪些人打电话以及怎么打电话了。

根据实际情况具体分析

到底该用哪种方式呢?

电子邮件　　电话

"和那个人日常联络，都用电子邮件。"
"求他帮忙时，要打电话。"
像这样，在大脑中制订一个标准。

对客户进行分类，分成"电话派"和"邮件派"。

THE POWER OF
OUTPUT

第三章
CHAPTER 3

将能力发挥到最大限度的各种"写"
WRITE

31 写

Write

越写大脑越聪明

我们人类沟通输出的最基本形式就是"说"和"写"。而与"说"相比,我们对自己"写"出来的东西记忆更加深刻,写东西也更能促进自己的成长。朋友们上学的时候,老师肯定都对大家说过:"不能只背诵,还要默写下来,那样记得更牢。"

可为什么"写"有这么大的好处呢?

因为人在"写"字的时候,脑中**网状激活系统**(RAS, Reticular Activating System)会受到刺激。所谓网状激活系统,是从脑干向整个大脑伸出的神经束,是一个神经网络的起点。

分泌多巴胺、血清素、去甲肾上腺素等多种激素的神经系统,都是从脑干中的网状激活系统发出,向全脑辐射的。

举个形象的例子,就像日本的新干线系统中,东海道新干线、东北新干线、上越新干线等多条线路的始发站都是"东京站"。

网状激活系统是人脑的搜索引擎

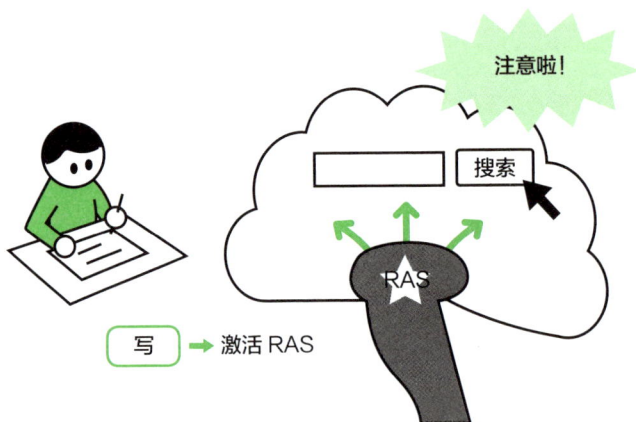

注意啦!

搜索

RAS

写 → 激活 RAS

可见网状激活系统的重要性，它还有一个别名叫作**"专注力的指挥塔"**。

当我们的网状激活系统受到刺激时，它就会向整个大脑皮质发出信号："注意啦！注意啦！不要放过任何一个细节！"于是，**我们的大脑就会立刻集中注意力，把焦点放在对象事物上，开始积极搜集相关情报。**这个过程有点像我们在搜索引擎"Google"的搜索栏中输入关键词。

而刺激网状激活系统最简单的方法就是"写"。人在"写"的时候，注意力集中在所写的内容上，大脑高度活跃，记忆力和学习能力都处于较高水平。

网状激活系统还有一个功能——**"过滤器"**。在网状激活系统的指挥下，不太重要的信息将被忽略，大脑的注意力全被集中起来用于处理重要的信息。"鸡尾酒会效应"（请参见第 44 页）中的"选择性关注"，就是网状激活系统控制的结果。

仅仅是"写"这个动作，就可以让我们**"在一瞬间意识到需要积极关注的事物"**。如果您遇到"重要的事物""想记住的事物""想进一步了解的事物"，先把它们写下来再说。

给大家讲一个小插曲，我上学的时候，在临近考试的复习期间，我基本上三天就要用完一支圆珠笔。复习对我来说就是拼命地写，把想记住的知识都写下来，这样做的结果，真的把该记的都记住了。

写！写！写！**写得越多，网状激活系统越活跃，整个大脑越聪明。**这就是"写"这种输出方式的好处。

仅仅是写，就能最大限度地激发出大脑的潜能。

32 手写
Write by Hand

手写比打字效果更好

"写"，让记忆更深刻；"写"，让我们获得更高的学习效率。

但是，最近大学授课的时候，学生已经很少用笔做笔记了，越来越多的学生用笔记本电脑或平板电脑记笔记。那么，用键盘打字和手写，能获得同样的效果吗？

美国普林斯顿大学和加利福尼亚大学洛杉矶分校进行了一项共同研究，他们以大学生为对象，对比了"手写记笔记的学生"和"用笔记本电脑记笔记的学生"之间的差别。

结果表明，手写记笔记的学生成绩更好一些，而且对知识点的记忆时间更长，创造出的新思想更多。

另外，挪威斯塔万格大学（The University of Stavanger）和法国马赛大学也曾进行过一项共同研究，研究人员把受验者分成两个组，一个组是"手写"组，另一个组是电脑"打字"组。让两组受验者分别用"手写"和"打字"的方式记忆字母组合（20个字母为一组）。然后分别在三周后、六周后对受验者的记忆成果进行检测。

结果显示，"手写"组的记忆效果更好。

还有研究人员使用MRI（磁共振成像）对"手写"时和"打字"时人的大脑进行了扫描。结果发现，人用笔在纸上写字时，大脑中负责处理语言的部位明显活跃了起来。

由此可见，相比"打字"，"手写"更有利于记忆，学习效果也更好。

手写的学生，成绩更好

输入速度快，
而且手不累，
但……

成绩好

记忆牢固

创意丰富

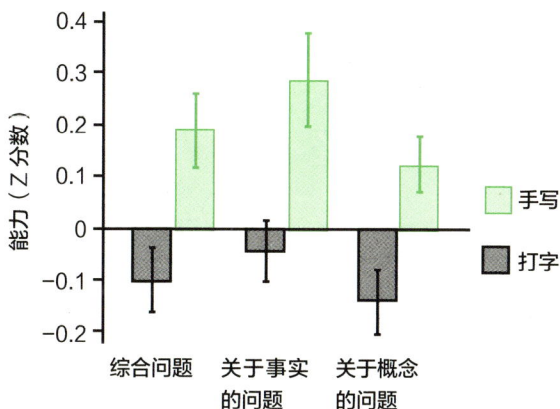

能力（Z分数）

0.4
0.3
0.2
0.1
0
-0.1
-0.2

综合问题　　关于事实　　关于概念
　　　　　　的问题　　　的问题

手写
打字

Z分数又叫标准分数。一个分数与平均数的差再除以标准差的过程。

学生们上四次课，一组学生用笔记本电脑记笔记，另一组学生用笔在本子上记笔记。
第二周，给两组学生10分钟时间复习笔记，然后进行40分钟考试。

普林斯顿大学、加利福尼亚大学洛杉矶分校的共同研究

要想学习效率更高，请手写记笔记。

33 标注
Make Notes

密密麻麻的标注，是我们学习的轨迹

在我看来，人们读书分为两派，一个是"一清二白派"，一个是"密密麻麻派"。所谓"一清二白派"，就是读过的书上，一点痕迹都没有，干干净净、一清二白。而"密密麻麻派"读过的书上，每一页都用笔勾画了重点线、圈出了关键词，书中空白的地方也密密麻麻地写满了心得、标注。您属于哪一派呢？

我曾经对 100 人做了一个小规模调查，结果，这 100 人当中，"密密麻麻派"占七成，"一清二白派"占三成。

我个人也是"密密麻麻派"。我读书的时候，手里肯定会拿着笔，不管冒出什么想法，都马上在书页空白处记下来。遇到有感触的词句，也会立刻勾画下来。

我也建议大家在读书的时候，一定要做笔记，在书上写就行。为什么要这么做？因为做标注会让我们**对书中内容的理解更加深刻，记忆更加牢固**。

"读书"是一个输入的过程。只是"读"的话，书中内容不容易被当作长期记忆保存下来，最多几个月过后，就忘得七七八八了。我有一个方法可以让"读书"这个输入行为，瞬间变成输出行为。那就是**边读边做标注**。

边读边做标注，读书就变成了"输出"

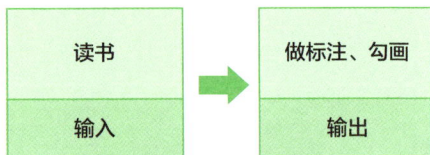

读书	做标注、勾画
输入	输出

这就使被动读书变成了主动读书，
读过的内容也会更深刻地留在大脑中。

勾画好词好句、做标注，都需要动手，都是使用运动神经的"运动"，因此也就是"输出"。而且，当我们写字的时候，脑内的网状激活系统（RAS）被激活，它向整个大脑发出指令："注意啦！"

换句话说，就是通过写字，我们的大脑被唤醒了。即使只是用笔勾画自己认为重要的词语，我们的大脑也会像"Google"一样开始极速搜索那些"关键词"。从而，使被动式的阅读，变成了**主动式的阅读**。

读书的时候，我们为什么想做标注或勾画重点词句，那是因为我们意识到这些内容很重要。

"啊！原来是这样""这种思想我第一次听说""这个信息太有用啦"……读书的时候，当您产生这样的想法，那就说明大脑的神经回路在飞速运转。每当遇到这样的情况，请拿起笔来，把它们记下来，或勾画出来。

但也有些朋友，读完一本书后，您会发现这本书有三分之一的部分都被他画了重点线。这也有点过度了，因为都勾画了，等于没勾画，还是找不到重点在哪里。

我认为，读一本书，找到三处最为重要的部分，把它们勾画下来就足够了。如果您能在一本书中找到三个"亮点"，那就相当于找到了宝藏。可以说，买这本书的钱没有白花。

在一本书中找出三个"亮点"

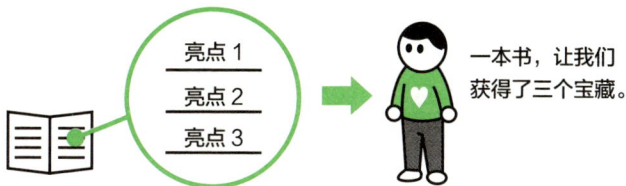

亮点 1
亮点 2
亮点 3

一本书，让我们获得了三个宝藏。

读书的时候，
手边一定要准备一支笔。

34 记录
Write Out

趁着还没遗忘，把大脑中的信息像拍照片一样保存下来

不管您向大脑中输入了多么精彩的知识，只要没有输出，那些知识就会随着时间的流逝而逐渐被遗忘。举例来说，看一部电影，您觉得什么时候输入大脑中的信息最多？自然是电影结束的那个瞬间。可是，用不了多久，也就三小时之后，电影中的一些台词已经从我们大脑中"溜走"了。经过一晚上的话，一些细节也会变得模糊不清。

当我们输入了一些知识或体验，什么时候进行输出最为合适呢？我认为应该是**大脑中保存最多信息的时候——输入结束的瞬间**。

下面这张照片，是我记录的笔记。那是我在看完著名导演大卫·林奇首部长片作品《橡皮头》（*Eraserhead*）后所写的观后感。《橡皮头》是1977年的作品，当它在日本电影院里重新上映的时候，我去饱了眼福。电影结束后，我从电影院飞奔出来，找了一家咖啡馆一头扎进去，花了30分钟时间一口气把大脑中关于那部电影的所有信息都记了下来。

照片的笔记中，有我认为经典的台词、细节描写、我自己的感情、思考、想法、解说、印象深刻的镜头、影像等。总之，当时我大脑中出

观赏完电影《橡皮头》，我用30分钟时间一口气做的记录

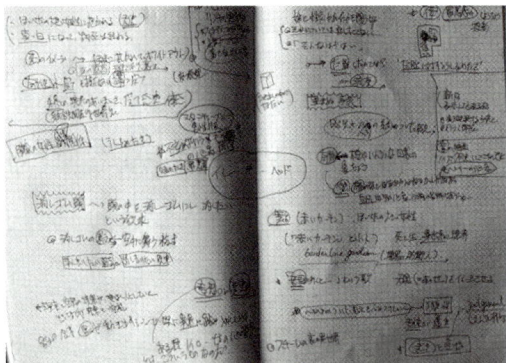

现的东西，一股脑都写了出来。（A4大小的笔记本，写了两页）

有的时候我也会写一些电影评论，为了更加理论性地评价一部电影，我会在看完电影之后马上进行输出——我会像"盘点库存"一样，把大脑中关于这部电影的所有信息一股脑地全部"记录"下来，也就是写出来。如果不马上这么做的话，2~3天后，关于这部电影的一些细节就会在大脑中变得模糊不清，再想写出清晰、精确的影评就难上加难了。

相信您也有过"激动人心"的体验。在看电影、话剧、音乐会的过程中，内心也跟着澎湃过。读书时，当读到高潮部分，也会兴奋得停不下来。去海外旅行时，可能也遇到过改变人生的激动体验。

不管多么宝贵的、令人震撼的体验，那只不过是一种输入而已。**随着时间的流逝，也会变得模糊、淡化。**如果听之任之，是不是有点太可惜了呢？

但是，通过及时的"记录"，可以**让那瞬间的感动，和当时大脑内的状况，像拍照片一样，"咔嚓"一声保留下来。**

那记录将成为一生的印记，当时过境迁再来回顾的时候，当时的感动将会被重新点燃。过往的点滴像放电影一样一幕一幕浮现在眼前，那将是多么精彩的一种体验啊！

盘点库存

通过写，将大脑中的所有信息复制、粘贴出来

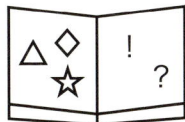

永久保存经历、体验、感悟、感动等

美好的体验，不要仅仅停留在"眼睛"中，还要把它们记录到"纸"上。

35 涂鸦
Scribble

涂鸦竟然有"提高记忆力"的惊人效果

您上学的时候，是不是身边也有很多同学喜欢在书、笔记本的空白处信手涂鸦呢？说不定您也是涂鸦爱好者之一。老师看到这种行为一定会生气，因为他们认为涂鸦的学生没有认真听讲。说实话，我们大多数人对涂鸦没有什么好印象。因为在我们大脑中有一个固定观念认为——"涂鸦会影响注意力"。

不过，也有研究人员对涂鸦进行了有趣的研究。英国普利茅斯大学的研究人员曾经请 40 名受验者参加了一个实验。研究人员给受验者读一些人名和地名，事后请他们把听到的内容写出来。

实验中，研究人员要求半数的受验者一边听一边信手涂鸦，另一半人则什么也不做，只是专心地听。结果，涂鸦的受验者比专心听讲的受验者写出的人名和地名多出了 29%。

什么？！**涂鸦居然还有提高记忆力的效果**？是不是颠覆了我们的固有观念？以前我们总以为，上课的时候涂鸦，听讲的专注力一定会受影响，可实验证明，结果恰恰相反。

经过分析，研究人员发现，涂鸦的时候，会对人的感情形成刺激，所以当时听到的内容，更容易被深刻地留在记忆里。

记忆的法则中有一条是"当人受到喜怒哀乐的刺激时，当时的记忆力会增强"。您想一想，十年前那些"特别开心的事情"或"特别悲伤的事情"，是不是记忆犹新呢？涂鸦，无非是信手画一些可爱、搞笑的小插图，其实在这个过程中，**人的感情就受到了刺激，记忆力得到增强**。

另外，以色列理工学院针对设计技术专业的学习也进行了相关研究，结果显示，在听课的时候涂鸦，可以激活"思考的大脑、涂鸦的手、看涂鸦的眼睛三者之间的互动"。涂鸦对于完成设计图，有良性的帮助。

《涂鸦思考力》一书的作者桑妮·布朗曾说：

　　"涂鸦是思考的一种手段，会对我们处理信息的方法、解决问题的方法产生积极影响。像亨利·福特、史蒂夫·乔布斯等伟大的发明家，在设计新创意的过程中，就用到了涂鸦。"

　　再有，日本著名大文豪、《人间失格》的作者太宰治，其学生时代的笔记**公之于世**后引发了热烈讨论。因为在他的笔记本中，几乎所有空白的地方都有涂鸦，而且多是他的自画像。

　　涂鸦绝不是洪水猛兽。它是提高记忆力、创造力的好帮手。

喜欢涂鸦的人，记忆力更强

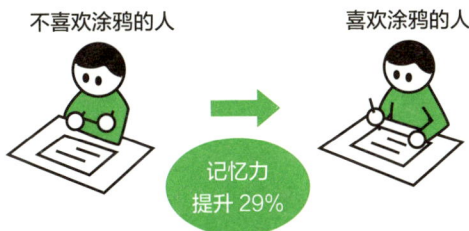

不喜欢涂鸦的人　　　　　　　喜欢涂鸦的人

记忆力
提升 29%

当人受到喜怒哀乐的刺激时，
当时的记忆力会增强

亨利·福特、
史蒂夫·乔布斯、
太宰治……
都是一边涂鸦一边进行创作

画小人儿、画符号，都行

当会议开到"无话可说"的地步时，
不妨先在笔记本上乱画几笔再说。

36 写清单

Make a List

我们的大脑同时最多只能处理三件事情

把大脑中关于某件事情的全部信息都写出来，我称之为"**盘点大脑的库存**"。具体做法是给所有要做的事情列一个清单。要想发挥出大脑100%的能力，"盘点大脑的库存"是必不可少的。

您觉得我们人类的大脑同时可以处理几件事情？关于这个问题众说纷纭，但大多数的意见认为在"**三件**"左右。

举个例子，假设您现在预定了七件事要同时完成，那大脑肯定会陷入一种慌乱状态。这种"慌乱"现象，其实就是大脑运转超负荷的表现。

您可以想象一下，您的大脑中只有三个文件夹，每个文件夹中都装着需要处理的文件（信息）。您处理完一个文件夹中的文件，才可能继续处理下一个文件夹中的文件。处理完文件，这个文件夹才会空出来，才能装新的文件。

大脑中空的文件夹越多，大脑的容量就越多，工作效率才会越高。

为了不让大脑超负荷，接到信息必须马上输出（处理）

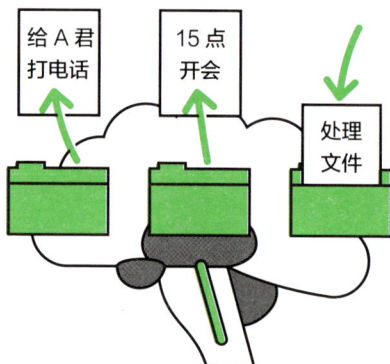

给A君打电话　15点开会　处理文件

通过输出（处理），清空大脑中的文件夹

如果大脑中的所有文件夹都满了，那么大脑的剩余内存就会告急。工作效率也会显著下降。为了防止发生这种情况，我们必须及时"盘点大脑的库存"。

"必须给 A 君打电话""15 点有个会议""今天有个文件必须处理完"……，工作过程中，如果我们大脑中不断涌现出这些预定的事情，或者出现新的"想法""创意"等，就会占用大脑的内存，大脑运转缓慢，工作效率低下。但是，如果能够**及时把大脑中的这些想法写下来**，就可以腾空文件夹，让大脑运转得更轻快。

换句话说，**"向大脑的文件夹中装文件（信息）是一种输入，通过写出来将文件夹清空，就是输出"**。

所以，不断清空大脑中的文件夹，再装入新的文件（信息），输入和输出的循环就会顺畅地运转起来。

通过"盘点大脑的库存"，及时清空"文件夹"，就可以给工作提速。

更高效地使用大脑

哪种情况下工作效率更高？

杂乱的办公桌

整洁的办公桌

杂乱的大脑

整洁的大脑

对大脑的库存进行盘点，最多保留三项工作。

37　怎样写出好文章
Write Good Sentences

"多读、多写"，除此之外别无他法

美国著名畅销书作家史蒂芬·金曾写过一本关于写作的书——《写作这回事》。他在书中说：

"想要成为作家，您必须做两件事。第一是多读，第二是多写。据我所知，除此之外别无他法，更没有什么捷径。"

成为作家的方法就是"**多读、多写**"，换句话说，这也是写出好文章的唯一方法。

我作为一名作家，已经出版了 28 本书，可是在 15 年前，网友对我的评价却是"桦泽紫苑的文章写得真烂！"。不过，最近我对自己的写作非常有自信，我觉得我写出的都是浅显易懂又寓意深刻的文章。帮我实现这一转变的，正是"多读、多写"。

读书是一种"输入"，写文章是一种"输出"。所以，"多读、多写"，换种说法就是"让输入与输出的循环不停地、顺畅地运转起来"。

不过，在这个循环的过程中有一点是非常重要的，那就是"反馈"。即使每天写很多的文章，但如果得不到意见反馈的话，就相当于"闭门造车"，人写文章的水平也难以提高。没有反馈的输入－输出循环，就一直在同一个水平面内循环，不会螺旋式上升。

关于文章的反馈，就是**请人读，然后听取读者的意见、建议、批评、表扬、指正、感想等**。

在当今这个网络发达的时代，写文章最简单的反馈方法就是把文章发到博客、微博等社交媒体中。然后，网友的浏览数量、点赞数量以及评论，都是很好的反馈。

很多人担心，我把自己的文章发表在网上，会不会被很多网友奚落、嘲笑甚至责骂呢？所以有顾虑，不敢发表。可是，如果没有人读您的文章，没有人批评您的文章，那即使您写了上百万字的文章，也不能提高写作水平。在我看来，**"被人阅读"的紧张感，正是使我集中注意力的最大刺激，也是写出更好文章的强大动力。**

另外，我建议您在练习写文章之前，先找一本教人写文章的书读一读。如果不了解写文章的基础知识，那不管写得再多，最终也只是"自己风格"的写作，不会取得太大的成就。

关于教人写文章的书籍，我推荐一本《"快速""表达"的87个写作法则》（山口拓朗著），这是一本面向商务人士，教人写好文章的书。如果您想学网络文章的写作方法，可以参考拙作——《个人社交媒体文章写作法》。

输入（读）与输出（写）的循环

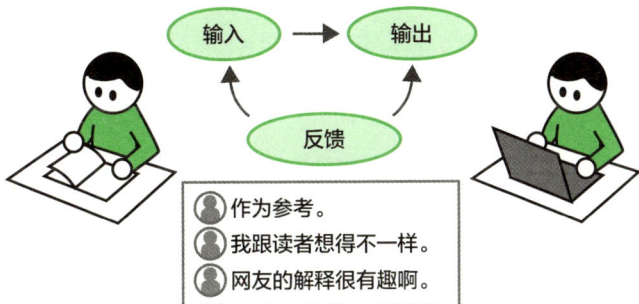

```
输入 ——→ 输出
    ↑       ↑
      反馈
```

- 作为参考。
- 我跟读者想得不一样。
- 网友的解释很有趣啊。

读完一本书，可以把读后感发表在网上。
只写那些令您印象深刻的书即可。

38 快速写出好文章的方法
Write Quickly

"设计图"做得好，写作速度可以提高两倍

关于写文章的烦恼，排在第一位的恐怕是"写不好"，第二位则是"写篇文章要花太长时间"，也就是**写得太慢**。

举例来说，有些朋友开了博客，想发表自己的想法。可是，写一篇博文就要花两小时，结果写了一两篇之后就坚持不下去了。

要想快速写出好文章，有两个窍门。

第一个窍门，"**先确定写作时间**"。大部分人都因为"花的时间越长，写出来的文章越好"。实际上，这是一种完全错误的观念。花一小时写出的博文和花两小时写出的博文相比，后者的质量可能比前者好20%，但两倍的时间并不能得到两倍的成果。

我在写书的时候，如果没有事先设定一个"截稿期限"，那我就会拖拖拉拉，不但时间拖得很长，也写不出高质量的文章。所以，先设定一个时间限制，然后一鼓作气集中精力把文章写完，才是既快又好一举两得的上策。

如果是写博文的话，我一般设定在"30分钟一篇"；如果写工作报告的话，那"一小时"也足够了。

一开始可能不太容易做到，但只要习惯了"在规定时间内写文章"的方法，我们的大脑就能受到锻炼，结果，在短时间内写出高质量的文章就不再是天方夜谭了。

快速写出好文章的第二个窍门是"**先设计结构再动笔**"。很多人在写文章的时候，都是"边想边写"。写完一句再想下一句该怎么写。想的时间比写的时间多得多。

如果能在动笔之前先想好自己要写哪种类型的文章，在大脑中把文章结构设计好，谋篇布局都安排好，那么在写出第一个字的瞬间，大脑中的思路便会有如泉涌，一口气从头写到尾。根据我的写作经验，只要一开始花些时间把文章的结构构思好，那么写作的速度将是"边想边写"的 **3~4 倍**。

"不先设计好结构就开始写文章"和"没有设计图就开始盖房子"是一个道理。所以，我要再次强调，动笔之前一定要先想好文章的结构。

快速写出好文章的窍门

（1）先确定完成时间

博文 30 分钟写一篇

工作报告在一小时内写好

（2）先想好结构再动笔

婚礼上的讲话

1. 开场问候语
2. 介绍自己和新郎（或新娘）的关系
3. 讲几件曾经的趣事
4. 祝福的话，结束语

文章结构的基本模式

按照如下几种结构一块一块地写，就能写出完整的文章

1	2	3	4
绪论 正文 结论	起 承 转 结	结论 根据、理由 总结	开篇 内容1 内容2 内容3 总结

先花些时间构思文章的结构，
再动笔将事半功倍。

39 快速打字
Type Fast

快速打字的技巧

在科技高速发展、网络深入普及的当今时代，大家的生活已经离不开电脑。就拿写文章来说，恐怕现在用笔在稿纸上写作的人，已经少之又少了。所以，**打字速度**，将影响我们写文章的速度。

接下来我就为您介绍我实现快速打字的四个技巧。

（1）始终保持同样的打字环境

很多朋友在公司用公司的台式电脑、上下班途中在地铁里用平板电脑或手机、回家用家里的电脑，使用的电脑硬件和打字环境一天要变换好几次。您也可能深有体会，当键盘、鼠标发生变化时，我们打字的速度会下降，至少一开始要花一些时间适应。

多个硬件设备 = 不同的打字环境 = 效率低下

固定只有一台电脑设备，打字速度最快。

拿我个人来说，不管在什么环境中，我只用一台笔记本电脑。我是电脑重度用户，工作生活都离不开电脑，但我家里并没有配置台式电脑。所以，不管在哪儿，**我都是用同一台笔记本电脑、同一个鼠标、同一个鼠标垫打字**。因为这是保持最快打字速度的方法。

（2）使用 Google 日语输入法（选择适合自己的输入法）

很多使用 Windows 系统电脑的朋友，输入日语一般都用系统预装的 MS-IME 日语输入法。但是，MS-IME 日语输入法不仅切换步骤多，而且学习、记忆功能比较弱，所以我觉得不太好用。一开始我也曾使用这种输入法，但自从改用"**Google 日语输入法**"后，我感觉到自己的打字速度提高了 1~2 倍。

Google 日语输入法的好处有三个。第一个是"联想功能"，只要打出第一二个字，就会自动显示几个候选词语，可以快捷选择。第二个是"词库更新快"，Google 定期对输入法的词库进行更新，把一些新词、流行语加入其中。第三个是"学习功能"，这种输入法使用得越多，它就越"聪明"，会根据个人习惯，优选候选词语。这么强大的输入法，还免费试用，为什么不用呢？

只要在下面的网址下载、安装 Google 日语输入法，只需一分钟，就可以使用了。不仅有 Windows 版，还有 Mac 版。

"Google 日语输入法"下载网址：https://www.google.co.jp/ime/

Google 日语输入法的联想功能

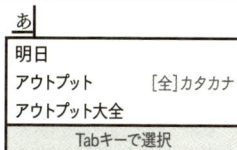

あ
明日
アウトプット 〔全〕カタカナ
アウトプット大全
Tabキーで選択

「あ」の一文字を入力しただけで、最近使用した「あ」から始まる言葉が変換候補として表示される。

（3）简化录入

您可以在电脑上尝试一下，输入一下自家的住址需要多长时间？而对我来说，从邮政编码，到家庭住址，一共 26 个字，却只用一秒就可以打出来。

我只要输入"我址"（我家地址的缩略语），就可以一下子显示出我的完整家庭住址。这就是使用了Google日语输入法的"简化录入"功能。

使用简化录入的人并不多。遇到别人使用电脑打字，我会观察他们的输入习惯，结果发现像家庭住址这种常用的语句，他们每次都是一个字一个字地输入，非常费时。对此我感到十分惊讶。

再举个例子，对于"今后还请多多关照"，这个使用频率非常高的寒暄语，我会简化录入成"今照"。只需输入"今照"两个字就可以显示出"今后还请多多关照"八个字。对于一天要输入三次以上的常用语句，我建议大家都把它们进行简化录入。顺便介绍一下，在我的Google日语输入法词库中，有1000个以上的简化录入。

一天使用三次以上的语句进行简化登录（我个人的例子）

精苑	神经科医生桦泽紫苑
我邮（我的邮箱地址的缩略语）	zionxx@kabasawa.jp
株研所	株式会社桦泽心理学研究所
奥	output
飞	Facebook
谷	Google
脑质	脑内物质
工忆	工作记忆
您辛	您辛苦啦
直顾	一直非常感谢您的照顾
今照	今后还请多多关照
目术	《过目不忘的读书法》
为控	《为什么精英都是时间控》

（桦泽紫苑实际使用的一些简化录入）

（4）活用快捷键

所谓快捷键，就是 Ctrl 键、Alt 键和其他按键的组合使用，以实现一些快捷功能。熟练使用快捷键的话，比使用鼠标实现相应功能要节省很多时间。这也是大幅提高打字速度的一个技巧。

对熟练使用电脑的人来说，使用快捷键已经是一种常识，但刚接触电脑的人，很多还不知道快捷键为何物。

另外，还有学会"盲打"，就是做到手指对键盘非常熟悉，不用看键盘就可以熟练打字。打字高手，没有人会看着键盘打字的。不过要练到盲打的程度，还是需要**下一番功夫**的。

最近，Google 推出的语音输入法其准确度也大幅提高。您也可以尝试一下，看语音输入快还是打字快，根据情况选择更适合您的输入方法。

今天，工作中不使用电脑的人基本上已经找不到了。所以，**电脑打字速度如果能提高一倍的话，那工作效率也就可以提高一倍**。

"快速打字"是商务人士必不可少的工作技能。希望大家结合上述四个技巧，磨炼自己的打字速度。

代表性的快捷键

	Windows	Mac
复制	Ctrl + C	Command + C
剪切	Ctrl + X	Command + X
粘贴	Ctrl + V	Command + V
撤销键入	Ctrl + Z	Command + Z
重复键入	Ctrl + Y	Shift + Command + Z

熟练掌握以上五种快捷键，您就会发现输入速度提高很多

充分发挥软硬件的功能，
提高打字速度就等于提高工作效率。

40 制作 TO DO 清单

Write a Todo List

这是我一天中最重要的工作，也是我早晨的第一项工作

每天早晨，当我坐到办公桌前的时候，第一项工作每天都是相同的。那便是"制作当天的 TO DO 清单"。

早上起床后的 2~3 小时，被称为"大脑的黄金时间"，是一天当中专注力最为集中的时间段。利用如此宝贵的时间制作 TO DO 清单，而且这还是第一项工作，可见，我把它摆在一天中"**最重要的工作**"的位置上。

为什么我每天早晨的第一项工作是制作 TO DO 清单呢？因为 TO DO 清单有四大好处。

【TO DO 清单的四大好处】

1. 可以确认一天的工作流程

所谓 TO DO 清单，就是将当天应该处理的业务、工作、任务，按照重要性、紧迫性的顺序列出的一个清单。在写这份清单的过程中，我们就在大脑中把一天的大体工作流程想象了一遍。可以说，**这也是一种想象训练，我称之为"成功想象"**。

TO DO 清单也是"**一日工作的设计图**"。大家都知道，没有设计图，就盖不出安全牢固的房子。可是，有很多人没有"工作的设计图"，却照样工作。结果会怎样？当然和没有图纸盖房子一样，要么忘记了重要的项目，要么东一榔头西一棒槌抓不住重点。总之，没有计划地工作，效率低不说，质量也很差。最后到下班还没做完，只得留下来加班。

早上花三分钟制作当天的 TO DO 清单，也就是在大脑中把一天的工作流程梳理一遍，科学合理地安排各项工作。这份清单，将成为工作效率的助推器。

2. 防止注意力被中途打断

没有 TO DO 清单就开始一天工作的人，当一项工作完成之后，他们要做的是什么？当然是要思考："接下来我该做哪项工作了？"

思维上的这一停顿，让之前工作中集中起来的注意力瞬间归零了。而要想再次把注意力集中起来，则至少要花好几分钟。试想，每一项工作的间歇，都要浪费一段时间，一天下来，浪费还是相当大的。

您看过体育比赛中的 4×400 米接力赛跑吧？假设有两支实力相当的队伍参加比赛，一支队伍，选手每次交接棒的时候都不顺利，接力棒都会掉在地上，而另外一支队交接棒非常顺利，没有失误。那么，哪支队伍将获得胜利呢？答案不用我说，我想大家心里都清楚。可为什么很多人在每项工作之间进行交接的时候，都会"掉棒"呢？那是因为没有事先制作 TO DO 清单。

有了 TO DO 清单，当一项工作完成时，只需看一眼清单，马上就知道接下来该做什么了。**注意力不会被分散，就能保持之前高效的工作态势，顺利地进入下一项工作。**

3. 疏忽、失误的概率大大降低

如果工作原本就很烦琐，又没有制订计划、列出清单的话，很容易就会出现疏忽、失误。比如忘记参加会议、延误了文件的提交时间等。制作 TO DO 清单的时候，我们会把一天当中重要的工作、预定的事情统统罗列出来。看着这份清单工作，**出现疏忽、失误的概率将会大大降低。**

人太过相信自己的记忆力，正是犯错的根源所在。而写在纸上的 TO DO 清单，比我们的记忆要可靠得多。所以，按照清单工作，就没那么容易犯错了。

4. 扩充"工作记忆"的容量/提高工作效率

我们人类的大脑一次性可以处理的信息量（工作记忆，又叫短期记忆）是有限的。能够同时处理的任务，最多也就三项。如果太多的预约、想法占据了大脑，就会占用太多的工作记忆，大脑的运转就会被拖慢。就像电脑的内存不足时，运转也会变慢一样。

有的时候我们自己可能意识不到，当大脑处于"这个得做，那个也得做"的状态时，工作效率是极其低下的。而把各项要做的工作都写在 TO DO 清单上，就等于**把工作记忆中存储的信息转移到了清单里，相**

当于清空了电脑的内存。于是，没有了牵挂，**我们便可以一心不乱地专注于一项工作了**，那样一来工作效率不就大幅提高了吗？

最近有些商务书籍对 TO DO 清单提出否定意见，说"制作 TO DO 清单没有用"。我敢肯定地说，说这话的作者，肯定没有掌握 TO DO 清单的正确使用方法。

比如，肯定有些朋友使用智能手机中的 App 制作 TO DO 清单。说实话我不推荐这种方法。为了将 TO DO 清单的效果发挥到最大，应该遵守以下三个原则。

【TO DO 清单使用三原则】1. 写在纸上或打印在纸上

第一条原则，我坚决反对用智能手机的 App 制作 TO DO 清单。智能手机是一个充满诱惑的东西。一项工作告一段落，拿起手机看 TO DO 清单的时候，难免要顺便看一下微信的信息、读读新闻……结果，导致注意力瞬间被分散。

所以，TO DO 清单应该用笔写在纸上，或者用 Word 打字，然后打印到纸上。

【TO DO 清单使用三原则】2. 放在桌面上醒目的位置

将手写或打印的 TO DO 清单放在办公桌最醒目的位置上。当做完一项工作，只需抬头看一眼 TO DO 清单，便可直接转向下一项工作。中间没有停顿，专注力不会分散。

前面讲过，"防止注意力被中途打断"是 TO DO 清单最大的好处。可是，如果不能一眼就看到它，还得花时间去找它，人的注意力就会被分散。那么，制作 TO DO 清单还有什么意义呢？

【TO DO 清单使用三原则】3. 每完成一项工作，就用斜线把它画掉

每完成清单中的一项工作，就用斜线把它画掉。这可以给我们带来空前的成就感。成就感可以促进我们体内多巴胺的分泌，而多巴胺被称为"动力之源"。画掉的项目越多，我们的工作意欲会越强。当所有项目都被画掉之后，一天的工作就结束了！

下面给大家公开我使用的 TO DO 清单。大家可以到我的网站下载 Word 版或 PDF 版。网址如下：http://kabasawa.biz/b/output.html

TO DO 清单　　　　　月　　日

AM1		
AM2		
AM3		
PM1		
PM2		
PM3		
每天 1		
每天 2		
每天 3		
间歇 1		
间歇 2		
间歇 3		
玩耍 1		
玩耍 2		
玩耍 3		
其他 1		
其他 2		
其他 3		

TO DO 清单的使用方法:

1）上午该做的工作写三项

2）下午该做的工作写三项

3）每天都要做的常规工作写三项

4）间歇时间可做的工作写三项

5）留出玩耍、娱乐、兴趣爱好的时间，写三项

6）留出"其他栏"以便补充（重要性比较低的工作）

充分利用大脑的工作记忆，将专注力彻底集中起来。

41 瞬间抓住灵感的火花

Make a Note

不想错过闪现的创意，成败只有 30 秒

"我突然想到一个了不起的点子！"可是，三分钟之后就再也想不起来了……您有没有过类似的经历？

创意、顿悟、灵感，很多都是大脑一瞬间的活跃，神经细胞突然迸出的火花，就像"烟花"一样，虽然漂亮，但稍纵即逝。

科学家研究发现，当人突然产生某种灵感的时候，大脑中的神经回路会瞬间发生改变。这种瞬间的体验，脑科学领域称之为"啊哈！体验"，目前备受学界瞩目。"啊哈"源自英语的"a-ha"，相当于"啊！对了！"，就是我们突然想到什么的时候，不经意发出的感叹词。

据日本脑科学家茂木健一郎先生说，"当发生'啊哈！体验'的时候，人脑的神经细胞会一起活跃起来，对世界的看法瞬间发生改变，但这个时间只能持续 0.1 秒左右。这一瞬间，人脑神经细胞之间的连接发生了改变，就像完成了一次'学习升级'，整个人也比以前有了很大变化"。所以，当您感到"啊！对了！"的瞬间，大脑中的神经回路、神经细胞之间的连接就发生了改变，形成了崭新的神经回路。也就是说，**您已经成长为和几秒钟之前不一样的自己**。

我们大脑内形成的"新道路"，一开始就像森林中的"兽道"，如果不去管它的话，时间稍长就会被杂草覆盖，恢复丛林原来的样子。而在我们大脑中，"新道路"消失的时间只需 30 秒到一分钟。

"啊哈！体验"与自我成长

之前　啊哈！　啊！对了！　之后　形成新的神经回路　自我成长

神经回路发生变化

晚上睡觉的时候如果我们做了梦，早上醒来的瞬间还会隐隐约约记起自己做的梦，但一分钟后，梦的内容就开始模糊不清了。10 分钟后，大多数梦都会被我们忘得一干二净。

所以，当您遇到"啊哈！体验"，大脑中闪现出很好的灵感时，别犹豫，马上把它记下来。**尽量在 30 秒内就写下来，最迟也不要超过一分钟。**

"写"是一种输出，也是"使用"信息的过程。一些稍纵即逝的信息，我们只有反复使用，才能让依稀的"兽道"不断变宽，逐渐发展成"农道"，再进一步发展成柏油铺装的"国道"。

扩大、铺装、修缮大脑内的道路（神经回路），这就是"自我成长"。最初的一步，就是那瞬间的灵感闪现。所以，当我们的大脑中有幸闪现出一个好想法的时候，一定要在 30 秒内把它记录下来！

当灵感出现时，一定要在 30 秒内记录下来

啊哈！

0.1 秒内脑中就产生了新的神经回路。

如果置之不理的话，灵感在 30 秒到一分钟后就会消失。

随身携带应用之物，以便随时可以做记录。

灵感闪现不知何时降临，
但我们应该有备无患，随身带好笔记本。

42 灵感闪现 1
Come up with an Idea

放松，才是创意的温床

我们经常听到文案策划或设计的呐喊："没灵感！想不出好创意！"越是临近提交日期，越着急，人的大脑越麻木。那种江郎才尽的感觉，真是世间一大折磨。

但其实，我有办法能帮您获得灵感。最近的脑科学领域，已经开发出使人获得灵感的方法。掌握了这些方法，也许您的人生会发生根本性的改变呢。

日本 NHK 电视台在 2018 年 2 月 4 日播放了一部专题片，名为《"人体"——了不起的大脑！灵感闪现与记忆力的真实面目》，内容非常有趣。"灵感闪现"到底是怎样一种状态呢？为了查明真相，研究人员请来了搞笑艺人同时又是芥川奖获奖作家的又吉直树先生。研究人员使用 MRI 设备对又吉直树先生的脑部进行了扫描。

仪器检查结果显示，又吉直树先生认为自己"灵感闪现"的时候，**他大脑的状态和发呆时的状态没什么两样**。其实，人发呆的时候，并不是大脑停止活动的休息时间，而是大脑的广泛领域在同时活动的状态。

"灵感闪现"时，大脑是一种什么样的状态？

什么也没想
的时候

灵感闪现的时候

大脑的状态几乎
是相同的

您听说过"创造性的 4B"吗? 4B 是指四种场所,是容易产生好创意的地方,它们分别是 Bathroom(洗澡时、上厕所时)、Bus(乘坐交通工具的时候)、Bed(睡觉前、睡觉中、醒来时)、Bar(喝酒放松时)。

阿基米德在洗澡的时候发现了浮力原理,也叫阿基米德原理;凯库勒梦见蛇咬住自己的尾巴,于是发现了苯分子的环状结构……历史上很多伟大的发现、发明都和"创造性的 4B"有关。而"创造性的 4B"的共通点就是人在那些环境中都**很放松,甚至处于发呆状态**。这和前面的 MRI 实验结果完全一致。

为了想出好点子、好创意,很多人抱头皱眉、冥思苦想,可结果往往徒劳无获。给自己一点放松的时间,甚至发会儿呆,没准灵感自然就来了。

创造性的 4B

容易产生好创意的场所

Bathroom

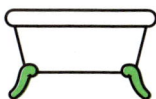

浴室(洗澡、上厕所)

Bus

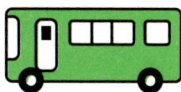

公交车(乘交通工具移动中)

Bed

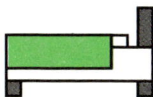

床(卧室)

Bar

酒吧(喝酒放松)

参考:《瑞典式创意》(弗雷德里克·海伦著)

想让灵感降临的话,
请停止思考,发呆一会儿试试。

125

43 发呆

Relax

"发呆"竟然可以提高大脑的活力

在社交网络上，我经常看到有网友说："今天发了一天呆，什么也没干，唉……"字里行间都渗透着浓浓的悔意。对现代人来说，大多认为"发呆"就等于"浪费时间"。

也许您觉得"发呆"和输出完全搭不上关系，但实际上，"发呆"的时间，是为高质量输出做准备的时间，是必不可少的。

最近，脑科学的研究证明了"发呆"对人的重要性。特别是什么事也不做，人处于静息状态的时候，大脑内的**"默认模式网络"**（Default-Mode Network）却异常活跃。

所谓默认模式网络，通俗地讲就是"大脑的待机状态"。在这种待机状态下，我们的大脑会模拟接下来自身可能发生的状况；对过去的经验、记忆进行整理、归纳；对现在所处的状态进行分析。所以，在这种状态下，我们的大脑并不是停止运转了，而是紧锣密鼓地工作着，**为接下来变成更好的自己而准备着**。

美国华盛顿大学的研究人员发现，当我们大脑中的默认模式网络开始工作，人处于发呆状态的时候，大脑消耗的能量竟然是平时大脑活动时消耗能量的 15 倍之多。也就是说，发呆状态比平时大脑正常活动的时候更为重要。

我在前面的小节中讲过，人在发呆的时候更容易闪现出灵感的火花。其深层的原因也正是发呆的时候，默认模式网络处于最活跃的状态。

我们大脑的内侧前额叶具有深入思考的机能，如果默认模式网络运转时间太少的话，内侧前额叶的深入思考机能就会降低。结果，我们的专注力、思考力、判断力、记忆力、创造力都会受到影响，大脑还容易老化。

很多朋友认为"发呆"是浪费时间，所以一有闲暇就看手机、玩游戏、看电视。但是，不给大脑"发呆"的时间，而让它为看手机、玩游戏、看电视而运转的话，就会妨碍默认模式网络的运转，使大脑疲惫不堪，加速大脑功能的退化。

所以，希望大家还是偶尔发会儿呆，让大脑休息的同时，加速默认模式网络的运转。

默认模式网络（DMN）

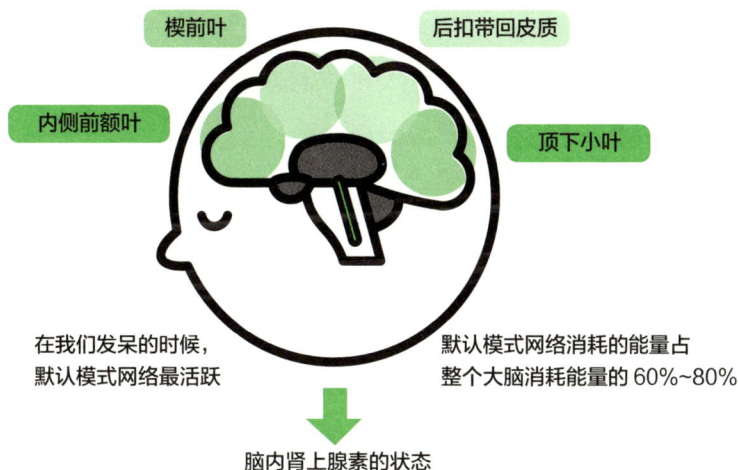

楔前叶　　　　后扣带回皮质

内侧前额叶　　　　　　顶下小叶

在我们发呆的时候，
默认模式网络最活跃

默认模式网络消耗的能量占
整个大脑消耗能量的 60%~80%

脑内肾上腺素的状态

不要把空闲时间都用来看手机，
试着发发呆。

44 灵感闪现 2
Come up with an Idea

产生最美妙的灵感需要四个步骤

在浴缸里泡上三小时，一直发呆，就能产生好的灵感和创意吗？恐怕结果不会令人满意。实际上，**要产生最美妙的灵感需要四个步骤**，按照程序一步一步来，才能得到想要的结果。

政治学家格雷厄姆·沃拉斯曾经提出"解决问题的四个步骤"。把这四个步骤应用到"获得灵感"上，也是可行的。

第一个阶段，"准备"。大量读书，尝试在笔记本、卡片上做记录，和团队成员一起讨论……面对面对问题展开"格斗"。

第二个阶段，"孵化"。当遇到久攻不下的难题，应该暂时避其锋芒，先不着急正面与之对决。可以先把问题放在一边，尝试休息一下、发一会儿呆。这个时间可能是几小时，也可能是几天。也许在这期间您的大脑中就会突然闪现出好的点子，便可**一招制胜**，击败问题。

这个过程有点像母鸡孵小鸡。母鸡会持续卧在鸡蛋上给鸡蛋加温，直到有一天小鸡从内部破壳而出。遇到一时难以解决的问题，我们也可以尝试先把它放下，给自己的大脑持续加温，等待灵感自然闪现而出。

在孵化阶段，要重点注意前面讲过的"创造性的4B"。和问题"格斗"了一段时间后，需要给自己一个喘息、休息的时间。虽然表面看来我们在休息时间什么也没做，但实际上，大脑中的默认模式网络却在飞速运转，无意识之中便对信息进行了重新整理、分析。从结果上来说，有很大概率自然进入第三个阶段——**"灵感闪现"**。

最后一个阶段是对"闪现的灵感"**进行理论、实践两方面的"验证"**。

为了获得灵感和创意，孵化时间（放下、放松）必不可少。即使坐在桌边拼命思考，也不一定能想出解决办法，相反，还会抑制默认模式网络的工作。

解决问题的四个步骤

1. 准备
与问题面对面格斗

输入

○
△
□

2. 孵化
把问题暂时放在一边

3. 灵感闪现
啊哈！体验

4. 验证
从理论、实践两方面
验证灵感的正确性

输出

?

参考：《大脑认可的学习方法》（本尼迪克特·凯里著）

当和一个问题战斗良久，迟迟不能攻克的时候，可以暂时将其放下，休息一段时间，静待灵感闪现。

45 写卡片
Fill out a Card

要产生一个好创意，平均需要写 100 张卡片

我在构思一本新书的时候，也经常会遇到江郎才尽的时候。不管怎么挠头，也想不出好的创意，或者虽有创意但很零散，无法归纳总结到一起。

每到这时候，我身边会活跃着一群小道具——卡片纸。我会把大脑中想到的事情统统写在卡片上，结果往往能收获很多意料之外的好创意。

"卡片"，是获得灵感和创意的重要工具，对我来说是必不可少的。没有卡片，我可能一本书也写不出来。

我用的卡片是在 100 日元店买的 125×75 毫米的"卡片纸"。店里有好几种卡片纸卖，大家可以选择适合自己的买来用。100 日元 100 张。

我最喜欢用的是"素色"和"5 毫米方格"卡片纸。这两种我会一次性各买 10 包，放在办公桌上随时备用。想出一个创意需要 100 张卡片纸，其实这还是一笔不小的开销。

文具店卖的卡片纸也有名片大小的，但我觉得稍微小了点，写的信息太少，所以我建议使用稍微大一点的卡片纸。

100 日元店卖的 125×75 毫米的卡片纸

【通过写卡片制造创意的方法】

（1）把想到的全写出来

举例来说，我在构思《为什么精英这样沟通最高效》这本书的时候，我希望内容更充实一些。于是，我会把大脑中能想到的跟"沟通""输出"有关的所有信息都写在卡片上。每张卡片写一个信息。

不管怎样，至少先写满 30 张卡片再说。

（2）联想

接下来逐一拿出每张卡片，每一张能联想到的内容再写在新的卡片上。

比如，当看见"想出创意"这张卡片时，我能联想到"创造性的4B""NHK 电视台播放的有关又吉直树先生的专题片""智能手机使人创造力下降"等信息。然后把这些内容分别写在每张卡片上。

如此反复操作。**沿着一个关键词，我们顺藤摸瓜，把自己大脑中相关的知识或经验、过去读过的书和论文的内容，全都写出来。**写得越多越好。在这个阶段，与"质"相比，"量"更重要。

（3）写 100 张卡片

把关键词写到卡片上和让它保存在大脑中，完全是两回事。因为把关键词写到卡片上，我们就可以更加客观地审视它，从而更容易联想到相关的"想法、创意、关键词"。对我来说，一张写有关键词的卡片，往往可以引导出两三个新的关键词。如此反复，直到大脑被掏空，再也想不出新的关键词为止。一般情况下，我要写满 100 张卡片，才会有"江郎才尽"的感觉。

关于一个主题，如果能写出 100 个"想法、创意、关键词"，那已经拥有足够写一本书的素材了。如果用这种方法准备演讲会的稿子或写公司的策划书，那 100 张卡片完全可以写出一份高质量的稿子。

（4）给卡片分类

写满100张卡片后，就该给它们分类了。每个类别需要有一个名称，用一张卡片纸写上类别名称，从100张中把这个类别的卡片都和它放在一起。

举例来说，在我筹划写这本《为什么精英这样沟通最高效》的过程中，当100张卡片写满后，我就开始对它们进行分类了。一开始我设置的类别有三个："基础""写""说"。

但是，在我把100张卡片归入这三个类别的时候，发现有些卡片并不属于任何一个类别。比如"迈出第一步""挑战""睡眠"等卡片。我必须得为这些卡片再设置一个新类别。

于是，根据剩余卡片的内容，我想到了"行动（Do）"。那些卡片正好都可以归类到"行动"中。最后，100张卡片被完美地分成了四类。

（5）再次分类

如果最初设置的类别并不能很好地归类所有卡片，那应该尝试重新设置类别，进行**再次分类**。之前的分类结果，我建议大家用手机拍照保存，以备日后参考。

再次分类不成功的话，还要进行三次、四次分类，直到给所有卡片都找到合适的类别。

（6）用电脑进行归纳总结

前面的工作都做好之后，这次就该用到电脑了。对想法、创意进行更加细致的总结。我推荐大家使用MS-Word中的"文档结构图"功能。当然，如果电脑使用不太熟练的话，也可以在笔记本上用图表的方式进行总结归纳。

以上就是我日常使用的卡片创意法。

在我们人类的大脑中，记忆和记忆之间是以"顺藤摸瓜"的方式联系在一起的。也就是说，**从脑科学的角度来看，通过写卡片来创造灵感的方法是非常科学有效的**。

現实中我也深刻体会到，用了卡片之后，我的创意简直如泉涌一般，用也用不完。所以，我极力推荐大家尝试一下。

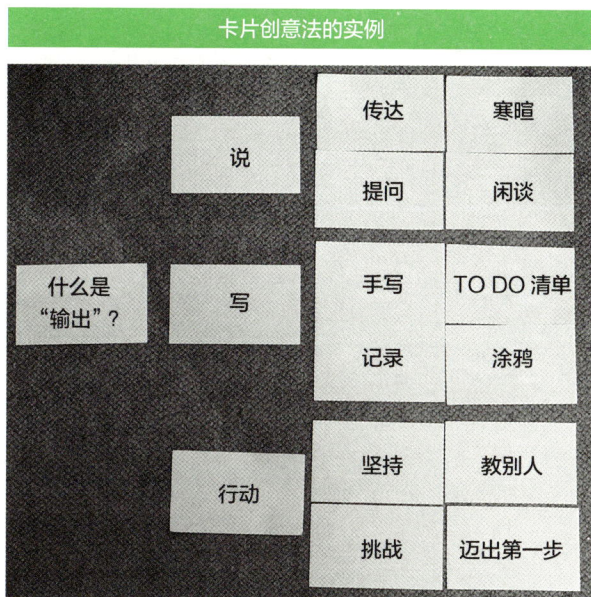

卡片创意法的实例

什么是"输出"？	说	传达	寒暄
		提问	闲谈
	写	手写	TO DO 清单
		记录	涂鸦
	行动	坚持	教别人
		挑战	迈出第一步

以上是我在构思本书时实际使用的卡片

· 目标 100 张，尽力去写满之后，再考虑分类

· 发现初次分类欠妥时，拍照保留之后再进行二次分类

顺藤摸瓜式地引导出各种创意，
直到自己满意为止

通过写卡片，
来一场"大脑风暴"。

133

46　做笔记
Take Notes

思考的轨迹，全都保存在一个笔记本上

一提到"写"，其实我最先想到的是"怎么做笔记"的问题。个人认为做笔记是非常重要的事情，适合自己的做笔记方法，可以将学习效率提高数倍。

书店里教您做笔记方法的书，种类繁多、五花八门，不可盲目模仿，每个人应该找到适合自己性格、目的的做笔记方法。但这种方法没那么容易找到，需要经过长时间的摸索。其实，小学、初中、高中、大学，大家都读过很多年书，也都有很多年做笔记的经验，那么，您找到最适合自己、最高效的方法了吗？可以说，做笔记的正确方法没有一个标准答案，每个人最适合的方法，都是世界上独一无二的方法。所以，**最好的方法，只有自己在实践中摸索、总结出来**。

话虽如此，我想还会有很多朋友对我的做笔记方法很感兴趣吧，因为有不少人问我："桦泽先生，您是怎么记笔记的呢？"下面我就给大家介绍一下"桦泽流"做笔记的方法。

我的方法不一定适合您，不过那也是我在长期实践中总结出来的，而且已经定型，并使用了近十年的方法。希望您能从中得到一些启发，然后找到最适合自己的方法。

（1）一本笔记本，包揽全部事情

对我来说，很多情况下都需要记笔记，比如"讲座、演讲讲义的记录""自己开讲座、出版书籍的创意""会议、商谈的记录""电影观后感""读书笔记"等。不过，所有这些笔记都**只记录在一个本子上**。

有些朋友会把个人生活的笔记和工作笔记分开在不同本子上记录，而且，工作也会分好几个本子，可是，回过头来要找当初的笔记时，通常会很麻烦，"哎呀！记到哪个本子上了？"

而我是把所有事情都记录在一个本子上，按时间顺序排列。如果要找以前的笔记，只要大体记得哪年哪月记录的，就能很快找到。所以非常方便。

（2）对笔记本，要有一定的"偏执"

文具店有无数种笔记本出售，大小不同、纸质各异、风格多样。我喜欢用的是 **A4 大小、横向对开的方格笔记本**。

我使用 A4 笔记本的理由是，够大，打开后左右两页加起来就有 A3 大小，可以记录相当多的信息。而且，打开之后，两页同时展现在眼前，有种总览全局的感觉。

根据 **"两周内使用三次的信息，将成为长期记忆保存在大脑中"** 的原理，我每次打开笔记本，就会看到近期做的笔记，自然而然地进行了复习。

（3）用左右两页记录一个主题

基本的讲座、会议记录，我会尽量控制 **在左右两页之内写完**。使用对开的两页写一个主题，不用翻页就可以一览所有信息，更有利于记忆、复习。

如果左右两页无法记完一个主题的话，我就用四页——两个对开——来记录。

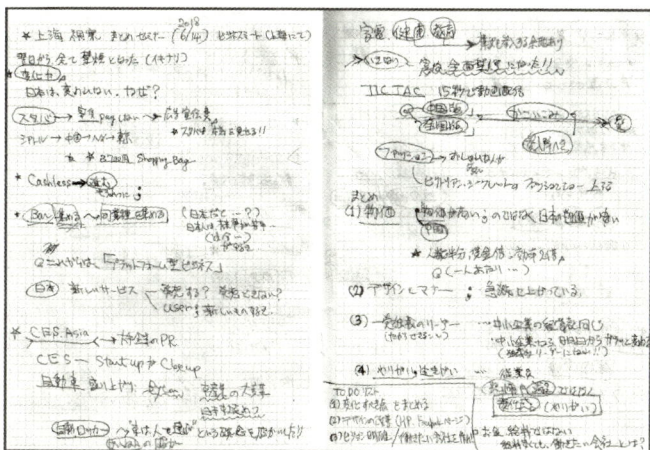

（4）不在讲义上做笔记

我们去听讲座、开会，一般主办方都会发讲义或会议概要等资料给我们。我觉得最不好的笔记习惯就是在这些资料上做笔记。因为一年之前的讲义或会议概要，基本上是再也无法找到的。即使能找到，也要花很多时间翻箱倒柜。这等于当初记的笔记付之东流了。

而我不管什么场合，只要需要记笔记，我就会拿出我那唯一的笔记本，一本用完了，再换一本。然后我会按照时间顺序把写满的笔记本都放在书架里。需要回顾的时候，只要按照时间顺序去查询，立刻就能找到当初做的笔记。而把笔记写在临时配发的资料上，以后再找就困难了。所以我极力反对在临时资料上做笔记。

（5）笔记不可过分详尽

我举办讲座的时候，经常能看到在下面奋笔疾书的听众。他们记笔记力求详尽，我讲的每一个字他们都不想漏掉，想全部记录下来。可是，当我向他们提问的时候，却发现我讲的内容并没有进入他们的大脑。

已经知道的事情，就没有必要再记在本子上。应该把注意力集中到讲师讲的内容上。听讲座，最重要的是"倾听"。遇到**新颖的思想、对自己有启发的内容、重要的知识点**时，再动笔记录。说一个基本的标准，两小时的讲座，A4 笔记本记两页就够了。我看一场两小时的电影，观后感也就写两页。

个人认为，一小时记一页，就足够了。

（6）记录三个"顿悟"

做笔记，最重要的是记录什么？我认为应该是自己的"顿悟"，即"啊哈！体验"。**当遇到可以让我们神经回路瞬间改变的事情，一定要记录下来。**

讲座中，讲师讲的内容以后可以翻看讲义回顾，但听讲过程中自己的"顿悟"，只需 30 秒就会消失无踪。听讲座、读书都是为了获得"顿悟"来实现自我成长。如果没有出现"顿悟"，说明讲座或书的内容并没有新颖之处。可一旦遇到了"顿悟"，却没有记录下来，那就等于白听、白读了。

如果听一场两小时的讲座，能体验到三次"顿悟"，并把它们都记下来，可以说听这场讲座就物有所值了。

（7）写出三件该做的事

要想改变现实，光靠空想是不行的，必须行动起来。也就是说，光有"顿悟"还是不够的。把"顿悟"转变成"行动"的工具，就是"TO DO 清单"。

体验到"顿悟"是令人欣喜的事情，但如何把它们应用到工作、生活之中呢？我推荐大家把"顿悟"过后该做的事情，**写成"TO DO 清单"**。两小时的讲座，能写出三件该做的事，也就足够了。

我做笔记的方法【实例】

写三个"顿悟"

写三件该做的事

不必太过详尽
简要概括即可

左右两页对开

以上就是我每日践行的做笔记方法。大家不可全盘照搬，如果您觉得其中有可取之处，可以根据自己的实际情况加以改造，变成适合自己的方法。

做笔记不是把讲师的话全部记下来，
只记录"顿悟"和"该采取的行动"即可。

47　对思路进行整理
Group Ideas Together
先用笔把创意写在纸上

有人说："智能手机、平板电脑、笔记本电脑更方便、更强大！"也有人说："没有纸和笔，我就没法工作、学习。"关于数码工具和传统工具哪种更好的争论，在社会上持续了很久，一直没有定论。但我认为这样争论下去并没有意义。

我为什么会这么说？因为"数码工具"也好，"传统工具"也罢，它们各有所长也各有所短。

如果让我用一句话概括二者的差异，我会说："**抽象化的'模拟工具'，形象化的'数码工具'**。"我认为应该首先了解两种工具各自的特点，然后根据实际情况的需要，选择合适的工具。

像"制作策划书""写演讲稿"等需要整理思路的时候，如果能够合理搭配使用"传统工具"和"数码工具"的话，将会获得非常理想的效果。根据我的经验，搭配使用两种工具，可以把工作时间缩短一半以上。

假设我们要制作一份新产品的策划书。我建议大家不要一上来就打开电脑，创建一个 Word 文件，然后对着电脑屏幕发呆。

传统工具和数码工具的优缺点

使用传统工具工作	使用数码工具工作
要动手，可以激发大脑的活力	不容易激活大脑
更容易产生创意（创造力、想象力）	更方便对创意进行推敲、提炼
视觉的、感觉的、直觉的	理论性的、语言式的
修改比较费时	修改比较省时
体积大、重量重、携带不方便	可以以文件形式保存在电脑、智能手机中
没带文件就看不到	有智能手机随时都可以看到
不便于分享	瞬间便可分享给别人
以前的文件不方便寻找	可以在电脑中检索，很快便可找到

如果让我来制作这份策划书的话，我会先用笔将大脑中的各种想法、创意写在纸上或笔记本上。当创意在大脑中还只是以"抽象化"的形式存在，没有形象地表达出来的时候，可以用草图的形式画在纸上。这时就适合使用传统工具。

当创意已经大体成型，可以形象化表达出来的时候，再打开电脑，用软件画出图纸，辅以文字说明，就可以把新产品的特征、理念等表达清楚了。进入这个阶段后，显然数码工具更便利一些。

当自由发挥想象空间，在抽象阶段构思创意的时候，适合使用笔和纸等传统工具。当创意基本成型，需要将其具体、形象地表达出来时，就该使用数码工具了，如电脑、平板电脑等。

整体、粗略的创意适合传统工具，详细、精确的工作适合数码工具。传统工具好比宏观俯瞰的"鹰眼"，数码工具就像微观透视的"虫眼"。只有精准地把握住传统工具和数码工具各自的特点，在工作中才能分清什么场合适合什么工具。工作也将取得事半功倍的效果。

按照"传统工具"到"数码工具"的顺序构思新创意，就可以**在短时间内把自己的思路清晰明确、准确无误地表达出来。**

整理思路的方法

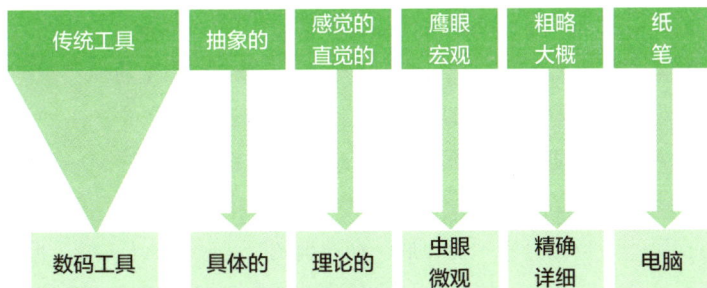

传统工具	抽象的	感觉的 直觉的	鹰眼 宏观	粗略 大概	纸 笔
数码工具	具体的	理论的	虫眼 微观	精确 详细	电脑

合理搭配传统工具和数码工具，
将思路清晰准确地表达出来。

48 制作演示幻灯片
Make Presentation Slides

在打开 PPT 软件之前，先把思路整理好

整理思路的过程是"先使用传统工具构思大体创意，再用数码工具具体详细地表达"。通过前面一小节的学习，相信您已经理解了这个流程。但具体该怎么做呢？下面就通过我个人的实战案例为大家讲解具体做法。

让我准备一场 90 分钟的演讲，所有资料我可以在两天之内完成。从无到有地制作一份 90 页的 PPT，对一般人来说，至少需要一周时间。

两天之内做出 90 页的 PPT，这个超过效率的方法我可是首次公开。

您平时怎么制作 PPT 演示幻灯片呢？是不是先打开电脑里的 PPT 软件，然后从第一页开始做起？

越是不擅长制作 PPT 幻灯片的人，越是一上来就打开软件从头做起。

而对我来说，使用 PPT 软件已经是最后阶段了。我会按照以下三个步骤制作演示幻灯片。

【第一步】先把想法、点子写在笔记本上

首先，我会问自己要说些什么、想说些什么。然后把自己能想到的想法全都写在笔记本上。既然是收集想法、创意的阶段，那就尽量多写，想到什么都写出来，可以自由发挥。

把对开的两页 A4 纸都写满的话，那么已经足够支撑 90 分钟的演讲了。

接下来，再翻开下一页，展现在眼前的又是两页 A4 的纸。把这两页纸平均分成四大块。按照时间顺序对演讲内容进行整理。**"左上"20 分钟，"左下"20 分钟，"右上"20 分钟，"右下"20 分钟**。这样，演讲 80 分钟，加上休息时间，刚好是一场 90 分钟的演讲。

"左上"整理绪论；"左下"是入门理论；"右上"是应用方法；"右

下"是结论。用简洁的语言，逐条把每一块的内容整理好。

当您在笔记本上写创意遇到瓶颈的时候，可以尝试前面讲过的"卡片创意法"。然后再把创意写在笔记本上即可。

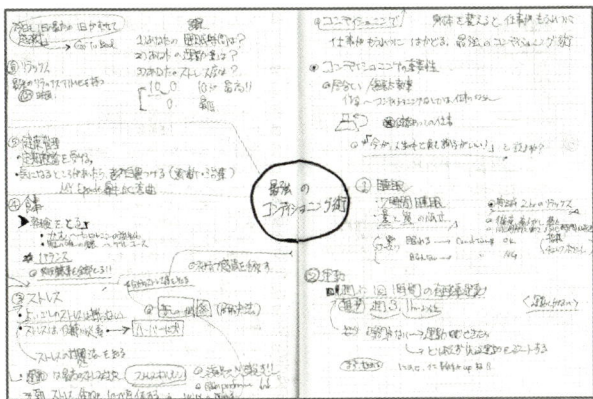

【最强幻灯片制作法】准备讲稿时的笔记

【第二步】使用 Word 软件中的文档结构图功能，确定文稿结构

在笔记本上将想法、创意整理好之后，打开电脑，打开 MS-Word 软件，在"视图"中找到"文档结构图"功能。

"文档结构图"功能在写文稿"目录""大纲"的时候，能为我们提供强大的帮助。如果没有"文档结构图"功能，我写书稿、写演讲稿都会变得很困难，我已经离不开这个功能了。

"文档结构图"的特点是可以按照章节等级录入内容，第一章、第一节、第一项……。而且，同等级内容互换位置也很简单。比如把第一节和第二节调换位置，很轻松就能实现。所以，文稿整体的结构，很快就能用这个功能敲定。

虽然大部分人都在使用 MS-Word 软件，但我却发现很少有人用过"文档结构图"功能。根据我的实践经验，使用"文档结构图"功能确定文章结构，时间可以节省一半以上，所以强烈建议大家学习这个功能。

以 90 分钟的演讲为例，我会准备 90 页的 PPT 幻灯片，平均一分钟演示一页的速度。我会用"义档结构图"功能做出 90 行标题，进而确定每一页的内容。也就是说，在打开 PPT 软件之前，每一页要写什么内容，我已经了然于胸了。

文章的"结构"就相当于**盖房子所需的"设计图"**一样。使用文档结构图构思高质量的文章结构（设计图），就能做出高质量的演示幻灯片。

"文档结构图"使用实例

第一章　输出的基本法则
　　　　什么是输出
　　　　　　·定义、基本说明
　　　　　　　　"说""写"都是输出
　　　　　　　　·输入有"听""读"
　　　　　　　　·输入改变"脑内世界"，输出改变"外部世界"
　　　　　　　　·灵活运用信息，行动起来
　　　　　　　　·唯有输出，才能改变现实
　　　　输出的好处
　　　　　　·输出可以使人得到什么好处?
　　　　　　·增强记忆、促进自我成长、改变人生
　　　　【输出的基本法则】　1
　　　　　　　　两周之内复习三次，形成长期记忆
　　　　　　　　·信息不适用，就会彻底忘记（海马体的工作原理）
　　　　　　　　·解说海马体的工作原理
　　　　【输出的基本法则】　2
　　　　　　　　自我成长的螺旋阶梯法则
　　　　　　　　·输入、输出循环上升，人才能实现自我成长
　　　　　　　　·为什么有能力的人更善于输出?

我在写本书之前，举办了一场题为《沟通能力养成》的讲座。以上就是我在为讲座制作演示幻灯片之前用文档结构图构思的文章"结构"。

【第三步】使用 PPT 软件制作幻灯片

文章结构确定下来之后，才进入使用 PPT 软件制作幻灯片的步骤。只要按照之前用文档结构图设计好的提纲，很轻松就能做出一份完整的幻灯片。

以前一上来就打开 PPT 软件，然后对着电脑屏幕发呆，不知该怎么做的朋友，现在使用文档结构图之后，就不会再出现这种情况了。因为事先有了铺垫，再制作幻灯片时就可以一气呵成了。

第三个步骤与其说是"创造性工作"，不如说是"动手操作"更贴切，因为已经不怎么需要用脑了。

读到这里大家可能已经发现，制作高质量幻灯片的关键点就在于**把"设计结构"和"制作幻灯片"分开来**。而不先想好结构，一边做一边想的做法，是最费时的。

实际上，十年前让我做一份 90 页的演示幻灯片，我也得花一周时间。但当我摸索出这套"三步走幻灯片制作大法"之后，再做 90 页的幻灯片只需要原来三分之一的时间。

"想创意""设计结构""制作幻灯片"，三步分开进行，就能让您在短时间内制作出高质量的演示幻灯片。

三步走幻灯片制作大法

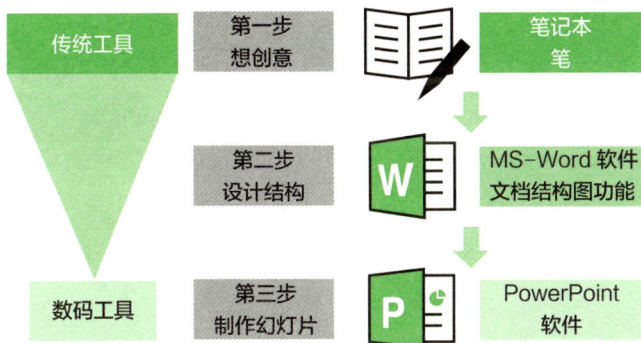

传统工具	第一步 想创意	笔记本 笔
数码工具	第二步 设计结构	MS-Word 软件 文档结构图功能
	第三步 制作幻灯片	PowerPoint 软件

先把想表达的内容想好，然后再具体操作。

49 白板的妙用
Write on a White Board

在交流意见的场合，白板是最佳工具

在给大家做演示的时候，是用 PPT 幻灯片好呢，还是用白板好呢？经常有朋友向我询问这样的问题。我的回答是，二者各有长处和短处，应该根据自己的目的选择使用。或者，以播放 PPT 幻灯片为主，辅以白板展示。

使用白板最大的好处是可以**提高听众的专注力**。当我们在一块空白的板子上写字的时候，不管写的内容是什么，都一定会引起大家的注意。而另一方面，PPT 幻灯片是主讲人事先做好的，只是用投影仪在会场上播放出来，引起的关注效果不是太强烈。而且，听众有可能一眼带过，认为自己已经看懂了，但随后很快就会遗忘。

而且，在会议现场，把听众提出的问题和意见写在白板上，可以为会议营造一种"参加型"的氛围，台下的听众也会变得"主动"起来，因为他们感到自己也是参与者。而播放 PPT 幻灯片，让听众觉得自己只是"听众"而已，整个会议的气氛是"听讲型"，听众会很"被动"。

白板与 PPT 幻灯片各自的优缺点

白板	幻灯片
可以提高听众的专注力	容易导致听众精神涣散
参加型、交流型	听讲型
主动的	被动的
随机应变、即兴的	事先准备好的、难以改变的
听众可以提出意见	听众只是倾听
适合研讨会、讨论会等需要碰撞出火花的场合	适合演讲、讲座等单向传输的场合
现场书写需要一定时间	短时间内可以传达大量信息
信息量少	信息量大
团队、小组互动	一对多
适合人数少的情况	适合人数多的情况
输出的分享工具	传达信息的工具

研讨会、讨论会等场合，需要参加者各抒己见，把自己的创意、想法分享出来，然后主持者进行总结。这种情况下，一张白板是最合适的工具。

另一方面，白板也有它的缺点——现场书写需要一定的时间。从结果来说，这就使同等时间内，白板传递的信息低于幻灯片。另外，假设一场会议有 100 名参加者，使用白板的话，后排的听众可能根本看不清白板上的字。所以，白板只适合人数较少的小规模会议。

综上所述，白板适用于人数较少的研讨会、讨论会等需要参加者积极发表意见进行互动的场合。白板不是输出的工具，而是"**参加者分享自己输出内容的工具**"。把握住白板的这一特点，您就能在适当的场合、时机发挥出它的最大作用了。

用白板把各位参加者的思路连接起来

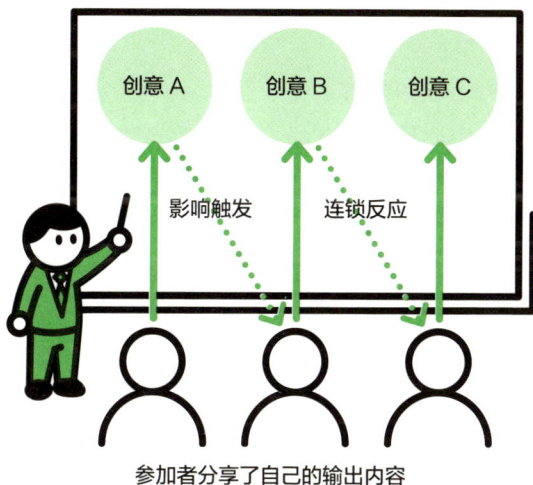

创意 A　　创意 B　　创意 C

影响触发　　连锁反应

参加者分享了自己的输出内容

> "参加型"的场合，
> 最适合使用白板。

50 引用 1

Quote

"引用"可以让我们的话具有压倒性的说服力

要想写一篇具有说服力的文章，我告诉您一个秘密："引用"的技巧一定要用好。不管我出版的哪一本书，都至少参考、引用了 30 多本权威书籍的内容。

不管是写策划书也好，制作 PPT 幻灯片也罢，如果能够适当地引经据典，将**大大提高文章的可信度、可靠性和说服力**。但非常遗憾的是，很多朋友平时写文章、讲话时，很少意识到"引用"的重要性，自然也很少引经据典。

接下来我为大家介绍四种引用的技巧。

（1）一定要注明出处

当您在文章中引用已出版书籍或已发表论文中的言论时，**一定要注明出处**。不注明出处的话，会侵犯他人的著作权。现实中，我读过的很多商务书籍都没有标注出引用言论的出处。这样做有两个坏处，第一侵犯他人著作权，容易引起版权纠纷；第二降低了自己这本书的可信性。所以，引用的时候，一定要注明出处。

（2）利用权威的力量

在我的书中，经常会出现"据哈佛大学的研究……""根据 *Nature*（《自然》）杂志刊登的文章……""根据厚生劳动省的调查……"等**著名大学、权威杂志、政府机构**的名字。利用这些权威的力量，让我的文章具有了强大的可信性和说服力。

我们做一个对比，假设引用同一个研究结果，一种引用方法说"据某项研究的结果显示……"；另一种是"据哈佛大学的研究结果显示……"。您来评价一下，哪种方法的可信度更高、说服力更强呢？

（3）数字要精确

如果手头有精确的数字，就不要使用大概的数字。比如"经实验证明，这种方法可以获得 32.3% 的提升效果"就比"经实验证明，这种方法可以获得大约 30% 的提升效果"要可信得多。所以，**最好从原文中引用精确数字**，千万不要图方便自己加以简化。简化之后，给读者一种不求甚解的印象，影响读者对整篇文章或整本书的信任度。

（4）平时注意收集引用源

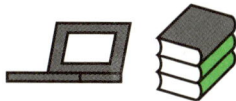

如果您在写文章或制作 PPT 幻灯片的过程中再想我该引用哪本书里的哪个理论、哪篇论文里的哪句话，那就太迟了。而且往往挖空心思也想不出来，或者要花上很多时间，才能找到合适的引用源。为了避免临时抱佛脚的尴尬，我们应该**注意平时多收集引用源**。

在自己的专业领域内，我们每日看到的新闻、网上的信息，只要将来可能用得上，就应该全部记录下来。有了这样的积累，一旦有需要的时候，便可以信手拈来。

引用的技巧，是输出的一种基本能力。所以我们应该在平时锻炼"引用"的能力，收集有用的资料。

引用的四个技巧

（1）一定要注明出处

```
＜引用源＞
「○○○○○」
「○○○○○」
「○○○○○」
「○○○○○」
「○○○○○」
```

（2）利用权威的力量

哈佛大学　　厚生劳动省

△△学会　　××研究所

（3）数字要精确

错误　大约 30%
正确　32.3%

（4）平时注意收集引用源

随时竖起敏锐的天线，
收集日后可能用得上的信息。

51 引用 2

Quote

使用专业工具寻找引用源

"我想找权威书籍或论文中的理论来佐证我的观点。"有这个想法的时候您会怎么办？

我想大多数人会使用 Google 等搜索引擎寻找自己想要的书籍或论文，但这是愚蠢透顶的行为。因为您从 Google 里搜索到的大多是一些可信度比较低或非常不专业的网页或博客文章。真正可靠的书籍或论文没那么容易搜索到。

想要找到专业的书籍或论文，需要专业工具。接下来我就为您介绍科研工作者或专业作家常用的专门搜索工具。

（1）Google Scholar（谷歌学术搜索）

想用 Google 搜索到专业论文，面向大众的 Google 搜索引擎是做不到的。只搜索专业论文，就需要使用 **Google Scholar**。Google Scholar 会在 Google 搜索到的所有结果中选出**学术论文、学术杂志、出版物**等，单独显示出来。

我在举办讲座的时候，曾对听众进行过一项调查，结果发现只有 15% 的人知道 Google Scholar。曾经写过硕士论文、博士论文的人可能用过 Google Scholar，但其他人大多不知道这个功能。

（2）Google Books（谷歌图书）

为了提高自己文章的可信度，需要引用专业书籍的时候，我推荐使用 **Google Books** 搜索相关书籍。Google Books 可以检索到已经出版的专业书籍的内文。

Google Books 也是 Google 的公开功能，但使用甚至知道的人却不多。我对讲座听众的调查结果显示，只有 4% 的人知道 Google Books。

举个例子，比如我想搜索能够佐证"有氧运动有利于预防老年痴呆症"这个观点的专业书籍的观点，我只要在 Google Books 中输入关键词"预防老年痴呆症 有氧运动"，便可显示出一系列相关的专业书籍。

检索的书籍我们可以打开阅读几页，当然不能免费阅读全文。

另外，Google Books 并不能检索到所有相关书籍，也不能显示全书的内容。它只会介绍一些相关书籍和少数内容给我们。不过我认为这就足够了，只要找到相关书籍，我们就可以去图书馆或书店找到那本书，然后**寻找我想要的"引用源"**。

（3）PubMed

PubMed，是美国国立医学图书馆提供的医学文献数据库，其中有大量的**生物医学、生物科学方面的英语论文**。对医学研究者和医生来说，这是一个不可多得的好工具，但遗憾的是，知道的人也不多。要想找医学方面的学术论文，**PubMed**是首选。

了解了这些专家常用的搜索服务，当您需要引经据典的时候，就会方便很多。

检索专业论文、书籍、资料的三个专门工具

- Google Scholar　https://scholar.google.co.jp/
  从 Google 的检索结果中，只选择学术论文、学术杂志的相关内容显示
- Google Books　https://books.google.co.jp/
  可以检索已出版的书籍的内容
- PubMed　https://www.ncbi.nlm.nih.gov/pmc/
  生物医学、生物科学方面的所有英语论文的数据库

为了获得可信度更高的专业知识，
需要使用专业的检索工具。

52 总结
Summarize

用140字练习"总结能力"="思考能力"

对一篇长文章进行概括，**总结出要点**，对很多朋友来说是一个头疼问题。

把自己想说的话以简短的要点概括出来，换成一种条理清晰、浅显易懂的说法。拥有这种能力的人，必定也具有较强的社交能力，工作也能干得得心应手。而且，因为这样更能准确表达自己的观点，所以引起别人误会、误解的概率就大大降低了，工作中出错的概率也就随之降低了。由此可见，总结的能力，是商务工作中不可或缺的一种能力。

话虽如此，"总结"并不是一件简单的事情，需要进行长期不懈的练习。要想提高自己的总结能力，**最方便的方法就是多在微博、Twitter（推特）上发言**。

微博、Twitter限制了每一条博文的字数，最多140字。如果您想说一件事情的话，必须在140个字以内说清楚。这种字数限制，正好是一种总结能力训练。

所以，我读了好书，会把书的内容和读后感写出来，并总结到140字以内，然后发表在Twitter上。看了好电影也是一样，我同样会写不到140字的观后感，然后发表在Twitter上。天天如此，长此以往，我的总结、概括能力得到了很大的提高。因为只有140字，我要求自己**在5分钟之内写完**。

读完书、看完电影之后，如果觉得写读后感、观后感有点难，那可以只对书或电影的内容进行"缩写"，也就是概括它们的内容。这样的练习做多了，总结能力提高之后，自然而然就会有感想了。

140个字，说短也短，说长也长。看似没几行字，但能承载的内容有时超过我们的想象。我经常写着写着就写多了，回头还得精简。总之，140个字，对归纳总结来说，真是一个绝妙的界线。

一开始，把内容、感想总结到140个字以内还真挺困难的。不过，让人感觉困难，正说明它是一种有效的训练。没有难度的事情，也不会给我们带来任何提高。

概括、总结，也是对我们阅读理解能力的一个训练。因为总结的前提是深入理解其内容。很多学生朋友，通过总结训练，语文考试成绩都提高了。这说明他们的阅读理解能力提高了、思考能力提高了。

换句话说，通过总结，可以锻炼我们的"思考能力"，对大脑非常有益。

总结实例（选自我本人的 Twitter）

神经科医生　桦泽紫苑
@kabasawa

今天我看了一部触及灵魂的电影。#《马戏之王》#。这是一个让梦想变成现实的故事。"发现就在眼前的幸福"这个主题直刺我心。电影对人类的善进行了浓墨重彩的肯定。充满了正能量。为了得到幸福，我们需要的是什么？是伙伴关系，以及聚集伙伴的地方。整部电影让我五次泪目。

神经科医生　桦泽紫苑
@kabasawa

今天我观看了电影 #《五角大楼文件》#。真令人感动！主人公在看到国家机密文件之后，对美国在越战中实行的政策产生了怀疑。如果把机密文件送给报纸发表，自己将被逮捕。主人公在面对这样一个"终极抉择"的时候，毅然选择了捍卫"言论自由"，促成文件发表。有一次落泪，真是伟大的选择。

神经科医生　桦泽紫苑
@kabasawa

咖喱餐馆"咖喱之星"# 是我超喜欢的一家餐馆。今天我又去了。今天我点的是蘑菇芝士派配咖喱汤。派里的馅料非常丰富，当我把派皮戳破的那一瞬间，美味的馅料喷薄而出。那个场面简直太感人啦！而且，蘑菇和芝士的口味非常搭，再加上独家秘制咖喱汤，今天简直太满足了！

神经科医生　桦泽紫苑
@kabasawa

"现在在发达国家出生的孩子，有超过 50% 的概率可能活到 105 岁以上。"真的假的啊？今天我读了一本名叫 # LIFE SHIFT（《生命的转变》）# 的书，书里的言论令我吃惊非小。100岁时代已经到来了！不过，如果人的工作方式、生活方式不随之升级的话，那未来可能并不好过。并不是每个人都可以快乐健康地活到 100 岁。

神经科医生　桦泽紫苑
@kabasawa

上海 # 多年没见了，今天再次见面，你的发展令我震惊！崭新的地铁既漂亮又时尚。街道上看不见一点点垃圾。高楼大厦鳞次栉比。大型购物中心比比皆是。各色美食令人垂涎。不过，物价水平也赶上了日本的水平。人口 2500 万，但城市运转有条不紊。只有亲眼见到，才知道中国的发展！# 中国值得敬畏 #。

神经科医生　桦泽紫苑
@kabasawa

#《亲切的人更长寿》#（SUNMARK 出版社）。拥抱等亲密的身体接触能促进我们体内"爱的激素"——# 催产素 # 的分泌。这本书用脑科学的理论和实践证明了"亲切"对人的好处。亲切→免疫力强、生病的概率低→长寿。看了这本书之后，我决心亲切地对待身边所有的人，也包括我自己。

看过好书和电影之后，
尝试着在微博上写读后感和观后感。

53 把目标写出来
Set a Goal

设定一个具体的"可实现的目标"

很多朋友都曾给自己设定过目标，可是最终能将目标实现的人却很少。为什么那么多人无法实现自己的目标呢？

我认为，这是目标设定方法出了问题。即使是完全相同的目标，如果设定方法不同，结果也会大相径庭。于是，就有了"**可实现的设定方法**"和"**不可实现的设定方法**"。

举例来说，如果目标设定为"我要减肥！"，我可以负责任地告诉您，这个目标绝对实现不了。但换一种写法："我要在三个月内瘦两公斤！"就完全可以实现。

接下来，我就以脑科学的知识为基础，为您讲解正确的目标设定方法。

（1）目标要"稍微有点难度"

有人认为"目标越高越好"，这种认识是不对的。比如，"我要在三个月内瘦10公斤！"这个目标虽然"很美好"，但对大多数人来说，难度太大了。经过一段时间，发现实现无望之后，人就容易在现实面前妥协，从而放弃努力。

脑科学的研究证实，"过高的目标"无法促进脑内多巴胺的分泌。多巴胺是动力之源，是为实现目标必不可少的一种激素。

那么设定什么样的目标才最能促进多巴胺的分泌呢？不要太简单，也不要太难，经过拼命努力有希望实现的目标，是最好的。我将这种目标称为"**稍微有点难度**"的目标。

拿电子游戏来说，一般电子游戏都有几个难度模式，比如简单、一般、困难、极难等，以供不同水平的玩家选择。那什么样的难度最好玩呢？不费吹灰之力就可以通关的话，就会变成无聊的游戏；但瞬间就被秒杀，根本无法通关的游戏，也没人愿意玩。只有"稍微有点难度"的游戏模式，才最吸引人。

"三个月内瘦两公斤"，对一般人来说，是咬咬牙、努努力很可能实现的目标，所以最终实现的概率很大。我们在设定目标的时候，要根据自己以往的经验，参考当前的实际水平，估计自己经过拼命努力之后，刚刚可能够得着的那条线，就是合适的目标。

（2）一定要设定期限

"减肥两公斤！"您觉得这个目标怎么样？想什么时候达成目标呢？三个月后？一年之后？还是十年之后？没有期限的目标，是完全没有意义的。

有时间要求的事情，能够极大地激发我们的干劲和热情，这就是人类大脑的特征之一。反过来，没有时间限制的事情，我们可能根本不想去做。**设定时间限制**，就形成一种无形的精神压力。在这种精神压力之下，我们脑内会分泌一种名为去甲肾上腺素的激素。这也是一种能够提高人类专注力的激素。

另外，在时间期限内，我们每完成目标的一小部分，就会产生一定的成就感。成就感会促进多巴胺（动力之源）的分泌。有动力，又有专注力，何愁目标不能实现啊？

（3）制订具体行动计划

有些朋友目标设定得非常漂亮，也相当合适，但当我问道"你打算怎么实现它？"时，很多人就陷入深思，沉默不语了。没有具体行动计划的目标，就只是一句空口号，无法转移到**实际行动**上。

"我要在三个月内瘦两公斤！"即使每天高喊这个目标100遍，人也不会瘦。

把"无法实现的目标"换种写法，变成"可以实现的目标"	
我要减肥 ⟶	我要在三个月内瘦两公斤
我要坚持运动 ⟶	每周去两次健身房 每周累积进行两小时以上的有氧运动
我要努力工作 ⟶	下个月的销售业绩，要进入公司前五名
我要成为百万富翁 ⟶	到40岁的时候，要拥有一亿日元的资产
我想去海外旅行 ⟶	今年夏天，来一次夏威夷五日游
我要看很多电影 ⟶	每月观赏10部电影

我们必须为这个目标制订一个具体行动计划，比如"正餐之间不吃零食""**晚上九点**之后绝对不能进食""每周去两次健身房，每次做一小时以上的有氧运动"等。有了行动计划，我们才知道该怎样去实现目标。

（4）为目标设置可以客观评价的标准

有了目标，但怎样才算实现目标呢？**目标必须得有一个客观评价的标准**。比如，我设定了一个目标——"我要减肥！"。结果三个月之后，我体重轻了 0.5 公斤。

请问，我减肥成功了吗？我的目标实现了吗？在我自己看来，可能会想："我那么努力地运动，体重也轻了 0.5 公斤，我减肥成功啦！"但我的朋友可能会说："0.5 公斤也算减肥？吃一顿好的，就又恢复原状了。失败！"

目标暧昧不清，没有进行客观、准确的评价，就使我们无法得到准确的反馈。进而，我们也无法对目标和行动进行改善和修正。另外，得不到明确的结果，我们的大脑就不会分泌多巴胺。而多巴胺是动力之源，因此也就是说，我们将失去继续坚持下去的动力。

但如果我们的目标是"三个月内瘦两公斤"，就有了评价的标准。只要称一下体重，就能知道自己距离目标还有多远。到三个月的时候，也能准确无误地判断出自己到底是成功了还是失败了。

（5）把大目标分割成若干小目标

目标太大的话，"进度管理"就会变得很困难。所以，我建议大家**把"大目标"分割成若干"小目标"**，定期进行评价，给自己反馈，以便及时改善、修正。

举例来说，"三个月内瘦两公斤"这个大目标可以分成小目标——"两周减轻体重 350 克"。每两周就对自己的体重进行一次评价，如果没能实现小目标，就及时总结原因，制订改善方案。如果实现了小目标，也总结一下经验，以便日后更好地实施计划。而且，实现小目标带来的欣喜能促进大脑内多巴胺的分泌，从而让我们斗志高昂、干劲十足地继续朝着下一个目标努力。

综上所述我们可以看到，即使心中的目标一样，但如果表达不当的话，也可能无法实现目标；但若能科学、正确地表达出来，就会大大提高实现目标的可能性。只要您按照我教的方法改变以前那些不科学的目标设定方法，就一定能一路过关斩将，最终实现人生的大目标。

正确设定目标的五个方法

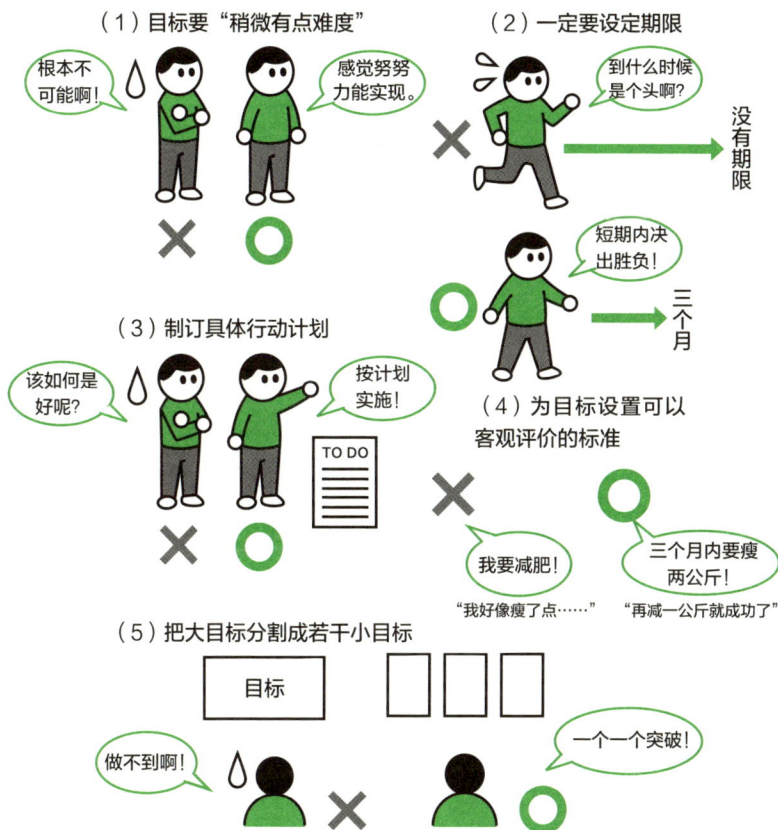

（1）目标要"稍微有点难度"

根本不可能啊！

感觉努努力能实现。

✕　〇

（2）一定要设定期限

到什么时候是个头啊？

✕　→　没有期限

短期内决出胜负！

〇　→　三个月

（3）制订具体行动计划

该如何是好呢？

按计划实施！

TO DO

✕　〇

（4）为目标设置可以客观评价的标准

✕　〇

我要减肥！

三个月内要瘦两公斤！

"我好像瘦了点……"　　"再减一公斤就成功了"

（5）把大目标分割成若干小目标

目标

做不到啊！

一个一个突破！

✕　〇

请把笔记本上写下的目标，
换成一种"可以实现"的表达方式。

54 实现目标
Achieve a Goal

把目标印在大脑中，并向世人大声宣布出来

我年轻的时候，曾经每年年初都会为自己设定一个"年度目标"，可是没过多久，就把它忘到九霄云外了。您可曾有过类似的经历？

设定一个目标，把目标写在笔记本上，只不过是万里长征的第一步。把目标写出来之后，还有几件事是必须要做的。

（1）每天回顾自己设定的目标

目标，需要反复回顾。回顾当初设定的目标时，如果发现当前"完全没有进步啊"，就该好好总结一下经验教训，及时进行整改了。当然，这也会给人一股上进的动力和压力。

拿我来说，我每天随身携带的笔记本上，第一页写的就是当年的"年度目标"。也就是说，每当我翻开笔记本的时候，都会看到自己的"年度目标"。

不把目标印在大脑中，不达到烂熟于胸的程度，目标是绝对无法实现的。每天回顾自己的目标，目标就会被收录在脑中的网状激活系统（RAS）上，我们的大脑就会在无意识中帮我们搜集实现目标所需的信息和情报。机会的大门也会向我们打开。

（2）大声宣布自己的目标

如果只把目标深深地埋藏在心底，也不利于目标的实现。如果您有了目标，我建议您**大声地把自己的目标向世人宣布出来**。

比如，假设我设定了一个"三个月内瘦两公斤"的目标，如果周围人都不知道的话，他们可能对我发出"致命的诱惑"："走啊，去吃拉面！""我发现一家甜品店的泡芙特别好吃，去尝尝吧。"但如果我把自己的减肥目标告诉了周围的人，他们就不会再向我发出共享美食的邀约了，说不定还会监督我管住嘴呢。有朋友的帮助，我们实现目标的概率也大大提高了。

另外，当我们把目标宣布出来之后，自己就没有退路了。"不实现目标的话，颜面何在！"

人有的时候需要"置之死地而后生"，只有"背水一战"才能最大限度地发挥出潜能，一鼓作气地实现目标。

在心理学上，这种现象被称之为"Public Comment（公众评论）"。也就是说，把目标公之于众，能帮我们提高实现目标的概率。

（3）定期反馈

在朝着目标努力的过程中，我们需要定期**对目标的完成度进行评价**。以年度目标为例，比较合适的评价时机是每个月的月末。如果当前进度没有达到既定小目标，我们就要及时分析、总结原因，制订对策，以便下一阶段把进度赶上来。定期的反馈，有助于把握工作的进度，看清前进方向，从而及时做出调整，以便顺利完成目标。

我曾给自己制订了一些输入目标，比如"每月读20本书""每月看10部电影"。每个月的月末我会对自己一个月的计划完成情况进行评价，"这个月读了哪些书、看了哪些电影，有什么收获"我会发表在自己的网络杂志上。

设定目标的时候将其公之于众，在为实现目标而努力的过程中，我也会把经过写成文字发表到个人媒体上。这有点像现场直播自己实现目标的过程。这样做**可以提高自己的紧张感**，人感觉到压力，才会更努力，距离目标也会越来越近。

将目标公之于众，更有可能实现目标

我要在三个月内瘦两公斤！

三个月内瘦两公斤！

将目标写在笔记本上，每天回顾。

三个月内瘦两公斤！

把目标公布在微博、微信中，让朋友们监督自己的同时，也可能获得帮助。

目标不要埋藏在心里，大胆说出来！

55　写策划书

Write a Proposal

平日注意收集写策划书可用的素材

我觉得写策划书、提案书等是一项挺麻烦的工作。而要让自己的策划、提案在会议上被通过，并付诸实施，就更难了。我作为一名畅销书作者，经常要写"选题书"，这也算策划书的一种。所以，我对写策划书也有一些独到的见解，而且我还了解一些让自己的策划案获得众人认可的窍门。

（1）先用传统工具，再用数码工具

"我要写一份策划书啦！"下一瞬间，您会做什么呢？有些朋友可能会立刻打开 PPT 或 Word 软件，准备动手做起来。但真的坐在电脑前，面对打开的软件后，又不知从何下手了。

前面我也讲过，想出一个好的创意，并对其进行加工、完善，一般**要经历先使用传统工具再使用数码工具的过程**。先用笔记本、卡片、纸和笔。如果是团队协作的话，初步讨论的时候要用到白板。一开始没有这些传统工具的协助，很难产生好的点子。

在第一阶段把各种设想、点子、创意或素材整理到七至八成时，才可以进入第二阶段，使用电脑进行框架整理、细节填充等工作。不管怎么说，制作策划书的第一步，**是从"拿笔在纸上写字"开始的。**

（2）平时多做准备

很多朋友一提到写策划书就头疼，不得不写的时候，也是费很大的劲也想不出好点子、写不出好文章。我认为这是因为"平时练习不够造成的"。而那些每个月都要提交策划书的人，写策划书简直如鱼得水，游刃有余。因为他们练习得多，大脑中储备了很多想法，用的时候随叫随到。

我一旦想到了"能够写成书的好想法"，就会立刻写下来，并且用"选题书"或"策划书"的形式写出来。一开始并不是为了给别人看，只是储存起来。

等一两个月之后，我再回过头来客观地读以前写的策划书，如果依然觉得"这个点子很有意思"，那它就真是个不错的选题，日后我很可能把它写成书。

如果觉得"这个想法不怎么样，不过是当时一时兴起想到的"，我就会放弃它。可见，时间是最好的"筛子"，可以帮我们留下最好的创意。

像这样，平时就养成写策划书的习惯，我们就等于制作了一个"**策划书储备库**"。一旦上司要求我们"提交一份策划书"，我们就可以先从储备的稿子中选一选，如果有合适的，修改完善一下很快就可以提交。即使没有合适的，具有了写策划书的能力，再按照主题写一份也没什么难度。

在我的电脑中，就秘密储存着 20 多份"出版策划书"，这是我的小秘密，现在是不会给任何人看的。

（3）平日注意收集写策划书可用的素材

当上司要求我们："请写一份关于×××的策划书。"我们再来搜集素材、想创意，恐怕短时间内难以搜集到数量充足、质量高的素材，而情急之下很可能大脑一片空白，哪有什么创意可言？

拿我来说，我会花一年以上的时间每天搜集、储备**写策划书可能会用到的素材、创意、点子、新闻、资料等各种各样的情报**。

比如我计划两年之后出版一本书，那么从现在开始我就会花一年时间搜集、储备素材。一年之后，我用这些素材写一份出版策划书，质量会很高，很容易被出版社采纳。

平时做好充分准备，接到紧急任务也能从容应对

构成高质量策划书的相关"素材、创意"大量散布于我们每天读的报纸、博客、书籍、电视节目、电影中。只有平时注意搜集、储备这些素材，才能在紧急时刻大显身手，又快又好地写出高质量的策划书。

（4）事先进行小规模市场调查

当我们策划的商品投入生产，推向市场的时候，如果能引起消费者的热烈反响，实现爆发性销售，那事实证明，我们当初写的策划书是一份"成功的策划书"。

如果我们能在商品推向市场之前，就知道它是否畅销，或者乘坐时光机器到未来去看看哪种商品畅销，就可以百分之百地写出"成功的策划书"。也许您觉得这简直是痴人说梦，但我有办法可以实现类似的效果。

对于心中的一项策划，我们可以**小规模实施一下试试**。如果策划的是一种新商品，可以制造少量样品，送给部分消费者和评论员试用，规模超小没关系，只有几个用户也不怕，只要能听到他们的反馈就行。借此获得的市场调查数据，是我们判断该策划能否成功的重要参考。

比如，我在动笔写这本《为什么精英这样沟通最高效》之前数月，就举办了多场"沟通能力养成讲座"。这就是我的小规模市场调查。结果，定员只有100人的讲座，在第三场的时候就满员了。这是我有史以来关注度最高、最受欢迎的讲座。也就是说，有很多人想提高自己的沟通能力。于是我决定写这本书，而且估计它一定能畅销。

另外，把关于策划书的一些内容发表在社交网络上，也算一种市场调查。因为我们可以根据浏览量、点赞量、评论量判断这个话题受欢迎的程度。有了这些调查数据做支撑，策划的内容一般不会出太大的偏差。

因为不同行业、不同公司对策划书的格式、篇幅、内容等都有不同的要求，所以关于策划书的具体写法我就不逐一讲解了。图书馆和书店里也有很多教人写不同领域策划书的专业书籍，大家可以找来参考。

但不管怎样，我觉得一份策划书的质量，早在动手写之前就已经被决定了。决定的因素就是我们平时的积累。只要我们平时注意输入、输出的良性循环，注意搜集素材、创意，在需要的时候一定能够写出过硬的策划书。

策划书的实例

策划书

■ 书籍名称（两行）

《海盗的心理学》　当今动画片《海贼王》和电视剧《龙马传》形成一股热潮，分析其背后的心理学原因

■ 策划概要（六行）

以海盗为题材的热血、冒险动画片《海贼王》大受欢迎，甚至形成一股热潮。为什么《海贼王》会流行呢？因为在心理学上，"海盗"是"父性"的象征。当今社会，呼唤强大的父性力量。因此，强调父性、讲述坂本龙马生平的电视剧《龙马传》也大受好评。近些年来，"草食系男子"之类的词语开始流行，可见日本男性越来越孱弱。很多动漫、影视作品，也出现了大量的草食系男子，这种现象令人担忧。所以我常思考"父性"的意义，希望借助"强大的男性力量"唤醒日本男人的父性，改变男人软弱的现状。

■ 作者名（一行）

桦泽紫苑

■ 作者简介（六行）

神经科医生、作家。编撰电子杂志有 15 万读者，Twitter 有 9 万粉丝，合计拥有 24 万粉丝。作者通过网络社交媒体向这 24 万人传播神经医学、心理学的知识和常识。作者编撰的网络杂志《电影的神经医学》热度排名日本第二。作者还是一名电影评论家，对电影、动漫等亚文化非常了解。目前作者还在杂志《安心》上连载电影评论。主要著作有《为什么精英这样用脑不会累》《Gmail 工作术》《能赚一亿日元的心理战术》《星球大战完全解读本》等。

■ 目标读者群（两行）

对动画片《海贼王》、电视剧《龙马传》感兴趣的 20～30 岁的年轻男性，以及 40 岁左右的中年男性。即所谓的草食系男子。

■ 结构（七行）

第一章　彼得潘和胡克船长有什么仇？海盗心理学的意义【父性的超越】
第二章　《星球大战》中汉·索罗比卢克受欢迎的原因【对父性的憧憬】
第三章　为什么《加勒比海盗》会大热？【父性的普遍性】
第四章　为什么《驱魔人》中的少女会梦见海盗？【父性与心理的稳定】
第五章　电视剧《龙马传》热播背后的心理学原因【违法者与父性】
第六章　动画片《新世纪福音战士》长久不衰的根本原因【对父性的追求】
第七章　不要再用"草食系男子"的说法【父性的获得】

■ 相似书籍　《父性的复权》

■ 版型　小 32 开　180 页　　■交稿时间　两个月

我在写成这份策划书之后的一年零四个月，《爸爸去哪儿了？——电影中的现代心理学分析》出版了。

有了自己独特的策划书格式，一旦大脑中闪现出一个好创意时，很快就能将其写成一份高质量的策划书。

与"写策划书"相比，
应该把更多的力量放在"为策划书搜集素材"上。

56　插图的妙用
Illustrate

"语言＋插图"比"语言"讲得更清楚

使用绘画、插图等"视觉"语言进行说明，更加直观、易懂，而且更容易给人留下深刻印象。

曾有研究人员做了一项实验，首先向受验者说明一件事情，然后看 72 小时之后受验者能够记住多少。采用"口头说明"的形式时，72 小时之后受验者只能记住 10% 的内容。而使用"图画辅助说明"的形式，72 小时之后受验者还能记住 65% 的内容。可见，**使用"视觉语言"进行说明，比单纯的口头说明效果要好五倍以上。**

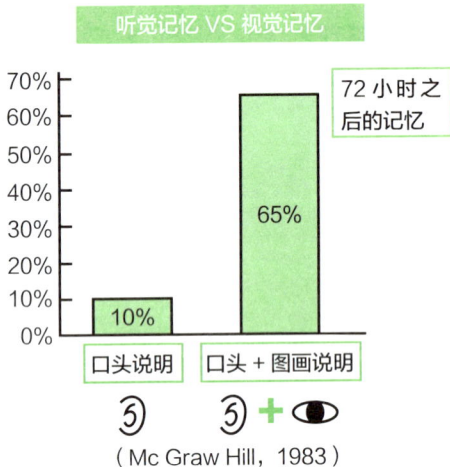

听觉记忆 VS 视觉记忆

（Mc Graw Hill，1983）

在另外一项研究中，研究人员给受验者看 2500 张图片，每张只给看 10 秒。结果，数日之后受验者能够准确判断 90% 以上的图片。当一年之后再做回访时，发现受验者仍然记得 63% 的图片。

与文字相比，我们对图片的记忆要强很多。所以如果能以视觉方式进行输入的话，不但容易理解，而且记忆还很牢固。在心理学上将这种现象称之为**"图像优先效应"**。

视觉信息与记忆的关系

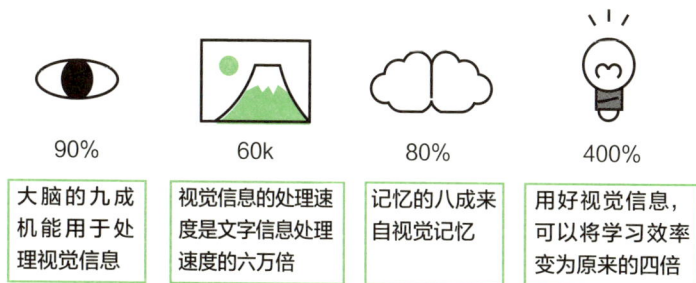

90%	60k	80%	400%
大脑的九成机能用于处理视觉信息	视觉信息的处理速度是文字信息处理速度的六万倍	记忆的八成来自视觉记忆	用好视觉信息，可以将学习效率变为原来的四倍

　　口头说明对听者来说属于听觉信息，首先需要在大脑中将听觉信息转换成文字信息，处理和理解都需要花相当长的时间。

　　另一方面，我们对视觉信息的处理采用的信息处理路径与文字信息不同，可以实现直觉的、瞬间的处理。处理文字信息是我们人类特有的能力，但几乎所有高等生物都可以处理视觉信息。因为如果不能瞬间处理视觉信息的话，很可能被天敌秒杀。为了保护自己，高等动物也都进化出了处理视觉信息的能力。

　　处理视觉信息，是一种动物性的而且几乎是瞬间性的能力，故此处理速度相当快。但处理文字信息属于一种非常高级的信息处理方式，需要的时间也相对较长。

　　所以，与单纯传递文字信息相比，同时辅以视觉信息进行传递，效率更高、效果更好。所以，为了让别人更好地理解自己，最好以绘画、插图加文字的形式进行解说。

要想让对方更好地理解，
请用绘画加文字进行说明。

57 发送电子邮件
Send an E-mail

早晨收发电子邮件的时间控制在 5 分钟以内

如今，电子邮件已经成为商务活动不可缺少的沟通工具。

但是，除了一小部分公司会在员工培训时教大家电子邮件的正确使用方法和写法，大部分人都没有专门学习过电子邮件的相关知识。很多人使用电子邮件的方法是明显错误的，或者至少是效率低下的。

掌握正确使用电子邮件的方法，每天至少可以帮我们节省 30 分钟以上的宝贵时间。下面我就详细为您介绍电子邮件的正确使用方法。

（1）早晨开始工作，第一件事不应该是收发邮件

很多朋友早晨上班的第一件事就是打开电脑收发电子邮件。但从科学时间管理术的角度来看，这是最浪费时间的一件事情。

一天当中，我们专注力最为集中的时间段就是早晨的两小时。在早晨这段黄金时间里，我们做了哪些工作，将决定这一天的整体工作成绩。

收发邮件，可以说是"最不需要专注力的工作"之一，在工作间隙的休息时间完全可以完成。如果一大早用 30 分钟来收发邮件，那将是非常可惜的损失。

不过，有些邮件是非常紧急的，所以我也不是说早晨就完全不许收发邮件。**早晨，用于收发邮件的时间应该控制在 5 分钟之内**。上班之后，前两小时应该集中于最重要的工作，在随后的小憩时间，花 5 分钟收发邮件就足够了。

（2）找一个时间统一收发邮件

根据我的观察，大部分人查看邮箱的次数太多了。有些朋友每隔 30 分钟甚至 15 分钟就检查一下自己的电子邮箱。而我会**每隔三小时，检查一下邮箱，一天最多查看两三次**。找一个时间集中收发邮件，既节省时间又不会打断自己的专注力。

除非您的主要工作就是收发邮件，或者知道今天会收到紧急邮件，否则一天之中绝对没有必要查看十次邮箱。

（3）收到邮件马上回复

有些朋友频繁地查看自己的邮箱，不让收件箱里有一封"未读邮件"，可他们回复邮件的速度却很慢，这是因为他们看了邮件也不马上回复，拖延到以后再回复。这样还不如压根就不看邮箱。

不马上回复邮件，而是"一会儿有时间再回"，到时，就不得不再重新打开邮件，时间就多花了不少。

我的原则是一封邮件不看第二回。**打开一封未读邮件，看完立刻就回复。**

（4）即使不能马上详细回复，也要立刻发一封确认邮件

如果我们收到一封邮件，要让对方等上 24 小时才收到我们的回复，那对方一定会认为我们的工作效率低下，甚至怀疑我们的工作态度。但有的时候，回复需要深思熟虑，查阅一些资料，或请示上级批准，不能马上给对方准确、详细的回复。

遇到这种情况的时候，至少应该立刻给对方发一封确认邮件，让对方知道我们已经收到邮件，并在认真考虑回复内容。比如"邮件已收到，保证三天之内给您具体回复""请给我们一点考虑时间，明天中午之前一定给您答复"或"等我们负责人回来之后，我立刻请示他，然后给您准确答复"。这样，让对方做到心中有数，就不会"焦急"等待我们回复了。

电子邮件的使用方法

（1）早晨开始工作，第一件事不应该是收发邮件
（2）找一个时间统一收发邮件
（3）收到邮件马上回复
（4）即使不能马上详细回复，也要立刻发一封确认邮件
（5）珍惜对方的时间
（6）电子邮件和即时聊天工具搭配使用

电子邮件的最大缺点是发出去之后不知道对方读了没有。我们收到邮件之后，马上发一封确认邮件给对方，让对方知道我们已经看到了，对方也就放心了。

（5）珍惜对方的时间

很多人都觉得看邮件要花自己的时间，写邮件、发邮件也要花自己的时间，却很少考虑对方收发邮件也是要花时间的。也就是说，缺乏为对方考虑的意识。

拿我来说，我常会想："对方急不急？"如果从邮件中看出对方很着急，我就会优先处理他的邮件。总之，就是要学会换位思考。当我给别人发了邮件，对方却迟迟不回复的时候，我也会很着急，而且有些工作也没法继续进行。所以，将心比心，我希望别人珍惜我的时间，我也会珍惜别人的时间。

只有时刻提醒自己"要珍惜别人的时间"，我们才可能和别人建立起相互尊重的关系。

（6）电子邮件和即时聊天工具搭配使用

工作上的联系方式除了电子邮件，还有即时聊天工具。

使用即时聊天工具，有很多好处。比如我发出的信息对方读没读、什么时间读的，我都可以得到反馈信息。但它的缺点是，在日本，使用即时聊天工具谈工作上的事情显得很不正式，正式的内容必须得通过电子邮件传送。

电子邮件和即时聊天工具，各有所长也各有所短，我们应该根据实际情况合理地搭配使用二者。正式的场合、内容就用电子邮件，不那么正式又比较着急的事情，可以使用即时聊天工具联系。总之，根据情况，随机应变，才能达到最佳的效果。

有太多人在收发邮件这项工作上浪费了数不清的时间。我希望这些朋友能够重视和学习电子邮件的正确使用方法，争取在最短的时间里，以最高的效率，和对方进行最有效的沟通。

顺便向大家透露一下，一天之中，我查看信箱、写回信、发邮件所花的时间，加在一起也不会超过 10 分钟。

电子邮件与即时聊天工具的优缺点

	电子邮件	即时聊天工具
沟通	深入	非常深入
公务联系	正式	不正式
搜索功能	优秀	较差
发送对象	有电子邮箱的人	即时聊天软件中的好友
送达率	偶尔会出现未送达的情况	100% 送达
读取确认	不可知	可以实时掌握
被看漏的概率	高	低
回复	慢	非常快
和多人联络	不方便	非常方便
寒暄语	需要	不需要

如果能不失时机地发挥二者各自的优点，回避它们的缺点，就可以在最短的时间里，以最高的效率，实现最有效的沟通。

读完邮件→立刻回复，
实现最高效的沟通。

58 开心地写
Use Favorite Stationery

为了更好地自我成长，在"武器"上要舍得投资

您统计过没有，自己一天花在"写"上的时间有多少？如果算上用电脑、智能手机打字的时间，相信"写"的时间还是相当长的，在一天中所占比例还是相当大的。换个角度看，**如果"写"的时间能够开心度过，那么一天中很多时间都会很快乐**。

为了快乐地"写"，写的内容很重要，但"**书写工具**"同样不可忽视，书写工具也可以看作"武器"，我们在工作岗位上战斗的武器。简单地说，传统武器包括**笔和本子**，数码武器包括**鼠标和鼠标垫**等。

拿我来说，圆珠笔我只用"斑马牌"或"百乐牌"的0.7毫米笔尖的笔。我想流畅地快速写字时，就用斑马牌的笔；想稍微用力追求笔锋的时候，则用百乐牌的笔。

有朋友会问，我为什么执着于这两个牌子的笔，因为之前我做过广泛的调查，试用了很多笔，结果选出了这两个牌子的笔。我去过很多大型文具店，把其中各种品牌的笔都试用了一遍。经过仔细比较，我发现，与"水性笔"相比我更适合"油性笔"。就品牌而言，我觉得斑马牌和百乐牌手感最佳。笔尖粗细的话，0.5毫米的稍细，1.0毫米的又略粗，只有0.7毫米的最合适。

让写字的速度能追赶上思考的速度，那是一件非常爽快的事情。拿起自己喜欢的笔，开始在纸上写字的瞬间，一种无比的"充实感""愉悦感"充满了我的内心。此刻，我感觉**全身有用不完的力气，大脑中的创意像泉水一样止不住地往外涌**。

当人感觉到幸福、快乐的瞬间，脑内会分泌多巴胺。多巴胺不但是"动力之源"，还是"幸福物质"。多巴胺具有提高注意力、记忆力、学习能力、执行能力的作用。由此可见，**拿一支自己喜欢的笔写字，可以更高效地工作**，是有科学依据的。

在百元店花一百日元买的那种一包五支的圆珠笔，同样也有书写的功能。但用那样的笔写字，能带来愉悦的感受吗？而愉悦的感受可以带给我们更高的工作效率。从这个角度考虑，我认为多花点钱买一支自己心仪的笔，是一项有益的投资。

关于笔记本，前面详细介绍过，我喜欢用 A4 大小、横向对开的方格笔记本。

再说说数码武器，先说鼠标。我用的是罗技牌的无线鼠标，型号是 M325T。它也是我去电脑商城实地走访、反复试用寻找到的。无论是重量、顺滑度、按键感觉，都最适合我。六年来，我一直用罗技牌这个型号的鼠标，用坏了两个，现在用的，已经是第三个了。

鼠标垫的话，我最喜欢绘有"巴别塔"图案的鼠标垫。去咖啡馆工作的时候，我一定会带上鼠标和鼠标垫。这样，就可以营造完全一样的打字环境和打字感觉，让工作畅快又高效。

大家也应该找到"最适合自己的文具""最适合自己的打字工具"。每天使用它们，开心愉快地书写、工作。当书写、工作变得幸福，人生就幸福了。

桦泽紫苑最爱的文具和打字工具

请不要小看文具，那是陪我们战斗的武器。

59 解题
Solve a Problem

三分"背诵"：七分"解题"，是学习的黄金比例

相信大家当学生的时候，大大小小参加过无数次考试，可谓身经百战。但进入社会开始工作之后，依然面临各种考试，比如晋升考试、职业资格考试等。工作本就繁忙的商务人士，都想抓住不多的时间高效率学习，争取在各种考试中取得好成绩。

根据我的观察，人们学习基本上可以分为两个派别：一是"教科书派"，二是"解题派"。教科书派学习的时候以教科书为中心，学习重心放在背诵教科书上的知识点。而解题派则偏重于解题、做模拟试卷，可以说是以实践为中心的学习方法。在复习备考的时候，您属于哪个派别呢？另外，哪个派别的学习效率更高、记忆更牢呢？

美国华盛顿大学的研究人员以学生为对象进行了一项实验。研究人员让学生记忆40个**斯瓦希里语**（非洲语言中使用人数最多的一种）单词。

关于输入（记忆）的方式分为两组，一组是对所有单词进行记忆，然后反复复习所有单词；第二组是对全部单词进行记忆，然后只对测试中出错的单词进行再次复习。关于输出（测试）方式也分为两组，一组是对全部单词进行测试；第二组只对前次测试中出错的单词进行测试。按照以上两种类型、两个组，组合起来将学生一共分成了四组。

在记忆过程中，输入重要还是输出重要？

与输入相比，输出的记忆效果更好
第一次：让学生背诵所有单词，然后进行测试
　　　　（所有四个组都一样）
第二次以后：各组按照规定方式各自操作

一周之后
再次测试

重视输出的
组成绩更好

	记忆（＝输入）	测试（＝输出）	
第一组	全部单词	全部单词	80分
第二组	出错的单词	全部单词	80分
第三组	全部单词	出错的单词	35分
第四组	出错的单词	出错的单词	35分

从实验结果来看，不管输入采取什么样的方法，输出的时候对全部单词进行测试的组，成绩更好。

也就是说，在记忆的过程中，与输入相比，输出更重要、更有效。前面的实验证明，**尽量多解题**，是加深记忆的重要方法。可见，"题海战术"还是有科学道理的。

背诵教科书、参考书的内容，都属于输入。而解题、做模拟考试卷，属于输出。只是背诵教科书上的知识点，记忆不会太深刻。而**解题 = "使用知识"，在大脑中留下的记忆更深刻**。

输入和输出的黄金比例是 3∶7。我们不能把所有时间用于背诵教科书中的内容，应该把两倍于背诵的时间用于做题。这才是最高效的学习方法、记忆方法。

输入和输出的黄金比例是 3∶7

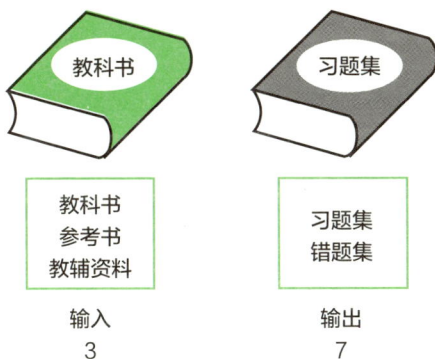

教科书	习题集
教科书 参考书 教辅资料	习题集 错题集
输入 3	输出 7

不要怕出错，
大量去做题吧！

THE POWER OF

OUTPUT

第四章

CHAPTER 4

精英人士的行动力

DO

60 行动起来
Take Action

把"自我满足"变成"自我成长"

前面讲过，输入有"读、听"，输出有"说、写"。输入与输出反复进行，再加上**不失时机的**反馈，就形成了自我成长的良性循环。

实际上，现在我还要加入一个重要的因素，那就是"行动"。行动，英语中叫作"DO"。在这本书中，除了"说、写"的输出，我全都归到"行动（DO）"之中。

也就是说，当我们在输入的过程中获得某种灵感或领悟，知道"**该做些什么（TO DO）**"的时候，就应该立即付诸行动。没有行动，人就不会成长。

举例来说，我最近正在读一本有关"体育运动"的书（输入）。书中说："中老年人每周累积进行两小时的有氧运动,可以有效预防老年痴呆症。可以将老年痴呆症的发病率降低三分之二。"我从中获得的信息是"运动对身心健康有好处"，而我应该做的事情（TO DO）是"每周进行两小时的有氧运动"。于是，我会把学到的知识和应该做的事情记在笔记本上。到这一步，大部分人都做得到，但关键是接下来该怎么做。很多人停留在这个步骤，就再也没有下文了。

即使对"每周累积进行两小时的有氧运动，可以有效预防老年痴呆症"这句话理解得再深刻，即使把这句话在笔记本上写了100遍，只要不付诸行动的话，那对预防老年痴呆症一点用也没有。

领悟 INPUT	每周进行两小时有氧运动有助于预防老年痴呆症
制作 TO DO 清单 OUTPUT	准备每周进行两小时有氧运动
实际行动 DO	转移到行动上 ← 最重要

但遗憾的是，大多数人喜欢读书，并从书中获得很多有用的知识，但采取行动的却少之又少。很多人读了书之后，行为和昨天相比没有任何改变。

与以往的行为相比，今天的行为有了好的改变，这就叫作自我成长。

即使知道每周进行两小时有氧运动有助于预防老年痴呆症，但不采取任何行动，那么人在行为上的改变为零，自我成长也为零。了解了新知识，最多只是让人变得稍微聪明了一点，但对现实世界没有些许改变。这种状态不叫自我成长，只能算是"自我满足"。

很多人只读书、学习，就是不愿行动起来。这就是为了实现"自我满足"而读书、学习。我认为，这样就是在浪费时间和金钱。

好不容易通过读书、学习获得了知识，知道该怎么去做，但如果不真的迈出实行的一步，就无法改变现实，不能实现自我成长。本章就给大家介绍如何让自己"行动起来"的技巧。

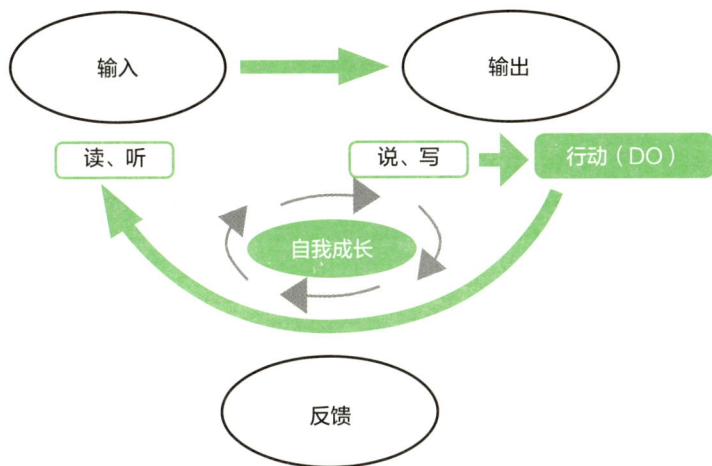

不行动起来，就无法实现自我成长

如果不是"只想变聪明"，而是"想让自己变得更好"的话，那就行动起来吧！

61　坚持不懈
Continue

成功的终极法则是坚持不懈

如果问我事业取得成功的终极法则是什么，我会告诉您是"**坚持不懈**"。做任何事情不坚持到底的话，都不会获得成功。工作、学习、体育运动、兴趣爱好、恋爱，如果连三个月都坚持不下来，能取得什么了不起的成果呢？

话虽如此，做事情能够坚持不懈、持之以恒的人却很少。

我就特别擅长坚持不懈。我已经连续 13 年每天在网络杂志上发表文章；连续 8 年每天更新 Facebook；连续 5 年每天更新 YouTube；连续 8 年每周进行体育锻炼；连续 9 年每月举办讲座，而且每月的讲座内容都不重复。连续 10 年每年出版图书两本以上……像这样，每天、每周、每月、每年，我坚持不懈地做着各种各样的事情。

不少朋友对我持之以恒的精神感到惊讶，问我是怎么做到的。接下来我就告诉您为了坚持不懈地做事情，我每天都做的五件事。

（1）今天只想"今天要做"的事情

我（几乎）每天在网络杂志上发表文章，已经坚持了 13 年。但是，刚开始在网络杂志上发表文章，可没想这么长远的事情，从没想过会坚持这么久。那我为什么会一直做到现在呢？因为"不过是觉得在网络杂志上发表文章很有意思，每天做有意思的事情，并没有刻意去坚持"。

我有坚持锻炼的习惯，可也会遇到偶尔感冒发烧，身体不舒服的情况。每当这时，我也会打退堂鼓，心想："今天就不去健身房了吧。"但转念一想，"反正办了健身卡，还是去健身房走一趟吧，哪怕不运动呢"。实际来到健身房之后，我又告诉自己："既然来了，先慢跑 5 分钟试试看"。结果，5 分钟慢跑过后，身体不适的感觉也消失了，不知不觉就锻炼了半小时，甚至一小时。

有的时候，人想得越长远，就越容易给"坚持"踩刹车。不用想那么多、那么远，**今天就想今天该做的事，现在就想现在该做的事**。

（2）快乐地做

看电视、玩电子游戏，不用努力、不用强迫自己，我们也能每天"坚持"

做。那是因为看电视、玩电子游戏让我们快乐。人快乐的时候，脑内就会分泌多巴胺。**做一件事感到快乐，不用要求自己也能自然而然地长久坚持下去。**

反过来，如果做一件事让人感到"不开心"甚至"痛苦"，脑内就会分泌压力激素。压力激素会让我们失去做事情的意愿，想赶快停下来。所以，"痛苦"的事情是不可能长期坚持的。如果非要强迫自己去做痛苦的事情，用不了多久人的身心就会**受到伤害**，甚至生病。

由此可见，要想长久坚持做一件事情，只要想办法让自己"乐在其中"就行了。为此，我们要学会在这件事情中"**发现快乐**"。

（3）将目标细分

"我要减肥十公斤！"当我们设定这个目标的瞬间，大脑会根据以往的经验做出判断，马上告诉自己"这不可能！"。这种情况下，脑内不会分泌鼓励我们行动的多巴胺。

但如果把这个目标换一种表达方式呢，比如"我争取一个月减肥一公斤，坚持十个月就可以减肥十公斤"。这样一来，似乎就没那么困难了，努努力好像可以实现。挑战这种"稍微有点难度"的目标时，我们脑内才会分泌多巴胺。

小的时候，父母、老师就告诉我们，"要胸怀大志""要有大目标"，但仅仅如此是远远不够的。大目标要有，但我们也要学会**把大目标细分成若干小目标**。这样一来，人就容易坚持不懈地努力，最终实现大目标

"坚持不懈"的五个方法

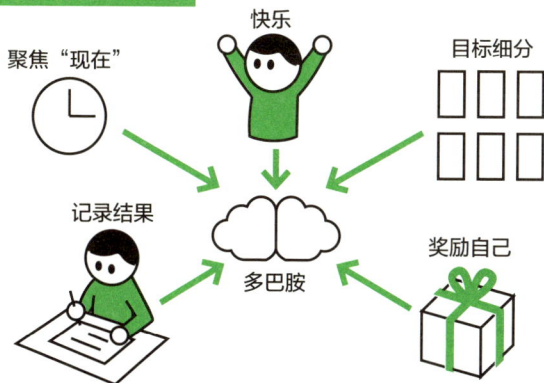

聚焦"现在"　快乐　目标细分

记录结果　多巴胺　奖励自己

的可能性也将大大提升。

拿我来说，比如我设定了一个大目标——"用一个月时间写成一本300页的书"，然后我会把它细分成小目标——"每天写10页"。每天写10页，一个月下来就能写300页，最终的结果是一样的。但是，将大目标细分成若干小目标一步一步做，更便于管理进度，每次完成小目标后，也能提升我们的成就感和坚持下去的热情。

（4）记录结果

如果您想实现一个大目标，我建议您在努力过程中**每天记录工作的进度和结果**。

每天上午，我都会记录自己 YouTube 账户的粉丝量，并用表格进行管理。

早上，我打开电脑，首先查看一下自己 YouTube 账户的粉丝数量。如果发现粉丝数比昨天增加了，我会充满干劲地鼓励自己："今天要在 YouTube 上发更高质量的视频哟！"

在为实现目标而努力的路上，**把进步的点点滴滴都记录下来**，可以促进多巴胺的分泌，让坚持下去变得轻松无比。

（5）做出成绩要及时奖励自己

当我们成功实现一个目标的时候，如果能够得到奖励，那将极大地促进脑内多巴胺的分泌。实现大目标、中目标的时候自不必说，理应奖励自己。但即使是每天的小目标，只要我们成功达成了，也应该奖励自己。

就我个人而言，写书的时候，每当写完一章的内容，或者一天写了20页，超额完成任务的时候，我都会犒劳自己一下，比如允许自己在家里喝高

日期	时间	粉丝数量	增长数
2018-3-1	10：92	40220	152
2018-3-2	11：21	40509	289
2018-3-3	8：05	40676	167
2018-3-4	8：49	41018	342
2018-3-5	8：25	41388	370
2018-3-6	9：34	41756	368
2018-3-7	10：25	41953	197

YouTube 账户的粉丝增长量（使用 Excel 软件进行管理）

级威士忌。如果写完一本书的话，我甚至会奖励自己一次海外旅行。

前面多次讲过，多巴胺是"动力之源"，好比汽车的"汽油"。只有加满油，汽车才能继续前行。

咬牙坚持、拼死努力的时候，我们不会分泌多巴胺，所以，那种努力状态不适合长期坚持，甚至对我们坚持不懈地做一件事情会起到反作用。一天一个小目标，开心去做，享受努力的过程，长期积累下来，就变成了坚持不懈。水滴石穿，终能实现大成就。

多巴胺与回报系统

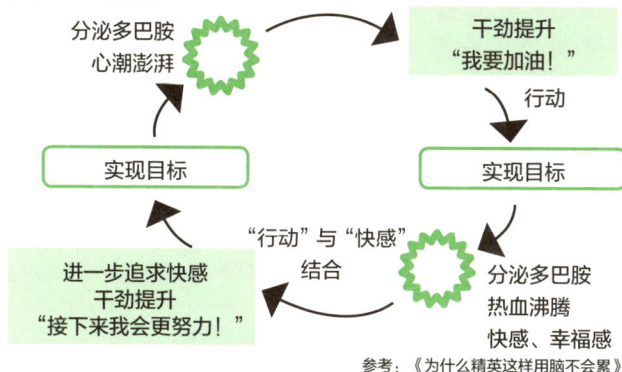

分泌多巴胺
心潮澎湃

干劲提升
"我要加油！"

行动

实现目标

实现目标

进一步追求快感
干劲提升
"接下来我会更努力！"

"行动"与"快感"
结合

分泌多巴胺
热血沸腾
快感、幸福感

参考：《为什么精英这样用脑不会累》

补给多巴胺

目标

多巴胺是前进路上的"汽油"。补给充足的话，我们就能开到任何地方。

当实现"稍微有点难度的目标"时，要及时给自己奖励。

62 教授别人 1

Teach

实现自我成长最有效的输出方法

在这本书中，我一共为读者朋友介绍了 80 种输出方法，但要让我选出一个最强、最能实现自我成长的输出方法，我会选择"**教授别人**"。

美国缅因州的国家训练实验室通过研究，得到了一个能够体现"平均学习保持率"的"学习金字塔（Learning Pyramid）"。

研究人员实际研究了不同学习方法的效果，并比较了采用不同学习方法，学习者对所学内容的记忆牢固度。根据学习效果（平均学习保持率）由低到高排列，依次是"听讲""阅读""使用视听教材""看演示""小组讨论""实际演练""教授给他人"。

另外，英国伦敦大学的科学家还曾做过一个非常有趣的实验。他们让受验者学习一个知识点。科学家对第一组受验者说："你学习之后我们要进行考试，所以请认真记忆。"对第二组受验者说："你学习之后，要把学到的知识教给别人，所以请认真记忆。"

学习金字塔	平均记忆率
听讲	5%
阅读	10%
使用视听教材	20%
看演示	30%
小组讨论	50%
实际演练	75%
教授给他人	90%

（美国缅因州国家训练实验室的研究）

两组受验者进行相同时间的学习，然后科学家对两组学生进行了相同的考试。结果，第二组受验者的得分更高。虽然第二组受验者并没有实际"把学到的知识教给别人"，只是被告知将要把学到的知识教给别人，他们的学习成果就更好。这个结果还真有点意思。

也就是说，即使**只是以"教别人"为前提进行学习，就可以提高记忆力，获得更好的学习效果**。

我想，当过老师，或给别人讲过题的同学都有体会，如果自己没有彻底理解的话，是没办法给别人讲明白的。从另一角度说，**在教别人的过程中，我们可以看清自己对这个问题的理解程度**。尤其是自己尚未掌握的地方，在给别人讲解的时候，一下子就暴露出来了。所以，伦敦大学那个实验中被告知要给别人讲解的受验者，一定会非常认真地学习，因为他怕给别人讲解时出现纰漏。

由此可见，"教"是一种输出方式，也可以从中得到反馈，而且它还是一种输入方式。**自我成长的三个步骤全都包含在"教"中。"教"真可谓是一种三位一体、最强大的输出方式**。我想把它直接称为"自我成长术"。

"教"是最强输出术

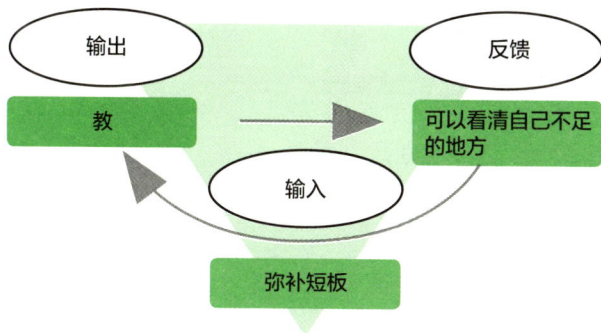

当我们想学习一项知识的时候，把"教会别人"作为目标。

63 教授别人 2
Teach

为了教授别人，自己要变得更强

我们知道，把自己掌握的知识教给别人，是加速自我成长的重要途径。但具体来说，在什么样的情况教、怎么教，才能取得最好的效果呢？

（1）个人教授，朋友之间相互教

我经常在咖啡馆看到高中生结伴学习的样子，不得不说现在的中学生真聪明，因为这是一种效率极高的学习方式。同学之间相互讲题，比一个人背诵教科书、做习题集效果都好。

自己擅长的地方教给别人，不擅长的地方请别人教给自己。这种学习方式简单易行，找个同学、朋友、同事在哪儿都可以开始。

当然也有些朋友会担心，如果我在公司里把自己擅长的技能教给了同事，那我不就丧失了在公司中的优势地位吗？但实际上恰恰相反，因为把这个领域的技能教授给别人的过程中，自己的这个技能将会变得更强。越教别人，自己的优势地位越明显。

（2）不要拒绝当讲师

有些公司经常在员工内部举办学习交流会，会请一些中坚员工当讲师，把自己的强项传授给其他同事。您有没有被邀请当讲师的经历？很多人可能因为缺乏自信而拒绝，心想："我自己还差得远，哪有资格教别人？"**正是因为"差得远"，才更应该积极地当讲师教授别人。**

当讲师，把自己掌握的知识、技能教给别人，实际是对自己现有知识的一个整理过程，会发现自己的不足之处。而且，为了讲得更好，我们会努力地学习，弥补自己的不足之处。这不就实现了自我成长吗？另外，当讲师也是向大家展示自己的知识、技能的大好机会，这会帮我们赢得同事的尊敬。所以，再有这种机会的时候，一定不要拒绝，果断接受并积极做准备吧！

（3）积极参加学习会、研讨会

虽说在公司里当讲师是绝好的锻炼机会，但公司一般不会每月都开学习会,我们也不可能每次都能当上讲师。也就是说,这样的机会并不多。所以,为了增加自己"当讲师"的机会,我们应该积极主动地寻找参加公司内外学习会、研讨会的机会,只要发现合适的就去参加。很多学习会中,讲师都会请参加者起来发言,**发言也是一种表达自己想法、把自己的想法教授给别人的好机会**。

另外,如果您身边没有那么多学习会、研讨会可以参加,那不妨自己组织小规模学习会,就几个同事、朋友参加也没关系。总之,要想方设法创造机会让自己当讲师。

（4）成为职业讲师（收费上课）

很多企业、工商联合体、各种社团也会请讲师来开办学习班、讲座,如果能成为那样的讲师,就再好不过了。

在一场讲座中,**学习收获最大的我认为不是听众,而是讲师**。

我主办了一个名为"网络心理学堂"的学习会。从 2009 年每月举办一次,每次我讲的内容都不同,到现在已经连续开了 100 场以上。

说实话,从搜集素材到准备讲稿,再到筹办讲座,是非常辛苦的。但我为什么还会不辞辛劳地举办讲座呢?因为那**让我获得了极大的成长**。定期举办讲座的结果之一,就是让我每年能出版两至三本题材不同的书籍。

自我成长与"当老师"的次数成正比

朋友、同事、后辈　当今的业界状况是……

讲座、学习会　感谢大家来听我的讲座!

跟向别人学习相比,教授别人的收获更大。
当老师是自我成长的绝好机会。

64 集中专注力
Concentrate on One Thing

人类的大脑无法实现"多任务运行"

人类的大脑，存在着无数种可能性，这一点我完全赞同。

一项研究显示，用计算机理论模拟计算人类大脑的记忆容量，得到的数字是 17.5TB（1TB=1024 千兆字节）。举个形象的例子，维基百科的信息总量约为 1TB，也就是说，我们的大脑大约能存储 17 个维基百科。真是非常惊人的存储量啊！

但另一方面，虽然我们大脑的存储量很大，但大脑能够同时处理的任务数量却不多。当我们的大脑同时处理三个任务的时候，"工作记忆"就已经满负荷了。我们大脑中的"工作记忆"就相当于电脑里的内存。

再举个形象的例子以便大家想象。在多任务处理能力方面，我们的大脑就好比 20 年前的个人电脑。那时的个人电脑，当同时打开三个软件的时候，运行速度就会被极度拖慢。如果再打开一个软件，很可能就死机了。

假如把我们的大脑比作电脑，那这台电脑的硬盘容量相当大，但内存却很小。所以，我们必须珍惜使用这不大的内存，否则输出作业会变得极为缓慢。

电脑同时运行多个软件，叫作"多任务运行"。我们大脑的多任务运行，比如"一边写电子邮件一边给客户打电话""一边写策划书一边听取部下汇报工作进度"。最近的脑科学研究证明，**人类大脑并不能在真正意义上同时处理多项任务**。

拿非常不科学的学习习惯——一边看电视一边写作业——为例，其实，"看电视"和"写作业"并不是真正同时进行的，而是大脑以非常快的速度反复在两个任务之间不停切换。这种快速切换任务，给大脑造成了相当大的负担，**拖慢了大脑的运转能力**，所以学习效率会非常低下。

一项研究显示，当人的大脑进行多任务运行时，人是无法将专注力集中于任何一项任务的。结果，完成一项任务所需的时间，比单一处理它时要多花 50% 的时间。

同时处理多项任务，不仅耗时长，而且出错率也大幅上升，最高可增加 50%。另一项研究显示，当人同时处理两项相似的工作时，效率会降低到 80%~95%。

同时做两项工作，比一项一项先后做，要花更长的时间。而且前者的出错率还是后者的 1.5 倍，真是得不偿失。

所以，同时处理多项任务，是工作中最忌讳的方法。所以，**不管工作再多，也要集中专注力各个击破**。这才是效率最高的输出方法。

人脑不适合多任务运行

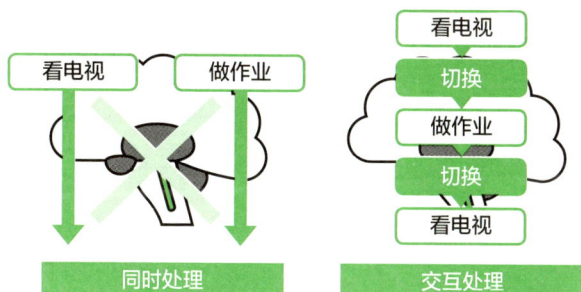

不要妄想同时做多项工作，
还是要集中火力各个击破。

65　挑战自我 1
Challenge Yourself
没有挑战就没有成长

　　"我害怕挑战新事物。要是失败了，那损失多大呀！还是保持现状好。"可能很多朋友都会这么想。如果您也这样认为，我劝您马上抛弃这个想法。

　　为什么这么说？因为**没有挑战就没有成长**。只有敢于挑战，人才能快速成长。

　　当然挑战新事物的时候，会感受到前所未有的兴奋感，这是脑内分泌多巴胺的证据。多巴胺也被称为"幸福物质"，能给人带来快乐的感觉。同时，多巴胺还是一种"学习物质"，**为我们"学习新知识、新技能"提供支持**。

　　当脑内分泌多巴胺的时候，人的专注力空前集中、干劲高昂、记忆力提升、学习能力进入了"一级战备"状态。结果，我们可以实现高效的学习，大幅提高自己的实力。

　　"不！挑战并不快乐。只会给我带来不安、恐惧。"恐怕也有人这样想。原因是他们想挑战的事情超出自己的能力范围太多，进入了"**危险领域**"。

　　举例来说，一个平时基本上不运动的人，有一天突然想挑战登山，而且要登 8000 多米高的珠穆朗玛峰。结果很可能在挑战的途中受伤，或中途因为体力不支而放弃。这样的朋友，不妨先从登 3000 多米高的富士山开始练习。当体力、登山技术达到一定程度的时候，再挑战更高的山峰。也就是说，富士山属于"**学习领域**"，而珠穆朗玛峰则属于"危险领域"。挑战要根据自身的情况循序渐进，万不可冒进。

　　一上来就给自己设定一个过高的目标，挑战难度过大的课题，就会把自己带入"危险领域"，这是一种鲁莽的行为。这个时候，脑内会过度分泌去甲肾上腺素，引起不安和恐惧，让人产生停止、逃离的冲动。

换句话说，"害怕挑战"的人，可能是超越了"学习领域"直接进入了"危险领域"。建议这样的朋友先从相对简单的目标开始挑战，成功之后再一步步提高挑战难度。

通过发奋努力可以实现的目标，才是合适的目标。善于为自己设定合适的目标，才能促进多巴胺的分泌，才能享受挑战的乐趣，才能实现自我成长。

人们害怕挑战的原因

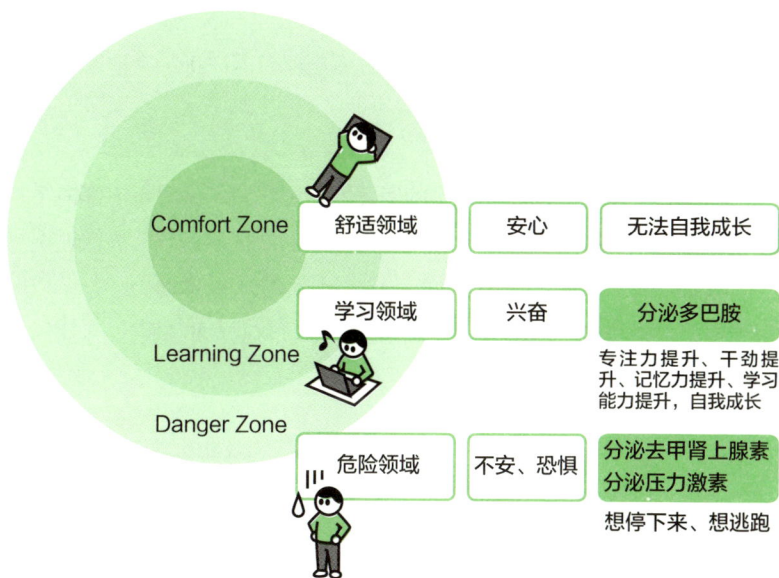

Comfort Zone	舒适领域	安心	无法自我成长
Learning Zone	学习领域	兴奋	分泌多巴胺 专注力提升、干劲提升、记忆力提升、学习能力提升，自我成长
Danger Zone	危险领域	不安、恐惧	分泌去甲肾上腺素 分泌压力激素 想停下来、想逃跑

莽撞地挑战只会起到反作用。
学会设定让自己感到快乐的目标。

66 挑战自我 2
Push Yourself

让"通过努力可以实现"的状态不断重复出现

玩过电子游戏的朋友可能都有体会，第一次玩就能轻松通关的游戏，肯定没什么意思；挑战很多次也只能瞬间被秒杀的游戏，也不能提起人的兴趣。

只有难易度适中，经过几次挑战，可以掌握到规律，最后可以艰难通关的游戏，才是最好玩的。也就是说，稍微有点难度的游戏，才是最吸引人的游戏。

目标的难易度和多巴胺的关系是，太难或者太简单都不能促进多巴胺的分泌。只有那些经过一番努力有可能实现的**"稍微有点难度"的目标，才能刺激多巴胺的分泌**。

脑内分泌多巴胺的时候，人的专注力、记忆力、学习能力都会得到提升，自我成长的速度也最快。所以，当我们想挑战自我的时候，不要一上来就设定一个高难度的目标，当然，目标也不能太简单。要学会设定"稍微有点难度"的目标，才能真正实现自我成长的目的。我建议分三个阶段设定目标，难度逐步递增。实现一级目标，再挑战下一级目标，

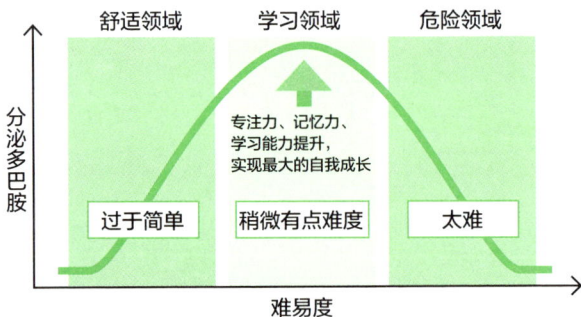

|舒适领域|学习领域|危险领域|

专注力、记忆力、学习能力提升，实现最大的自我成长

分泌多巴胺

过于简单　　稍微有点难度　　太难

难易度

三级目标都实现，就**完成了一个大的课题，自我成长也上了一个台阶。**
中学生做的习题集也分为"初级""中级""高级"多个等级，也是希望学生循序渐进，由浅入深，在保留学习兴趣的同时把学习的知识牢牢掌握住。

害怕挑战的人，大多是因为一开始就设定了太难的目标，自己把自己吓住了。如果能像三级跳远那样一步一步地攻克小目标，最终也能取得大成就。而且，这还是取得自我成长、收获成功的一条捷径。

目标是不是太难了？

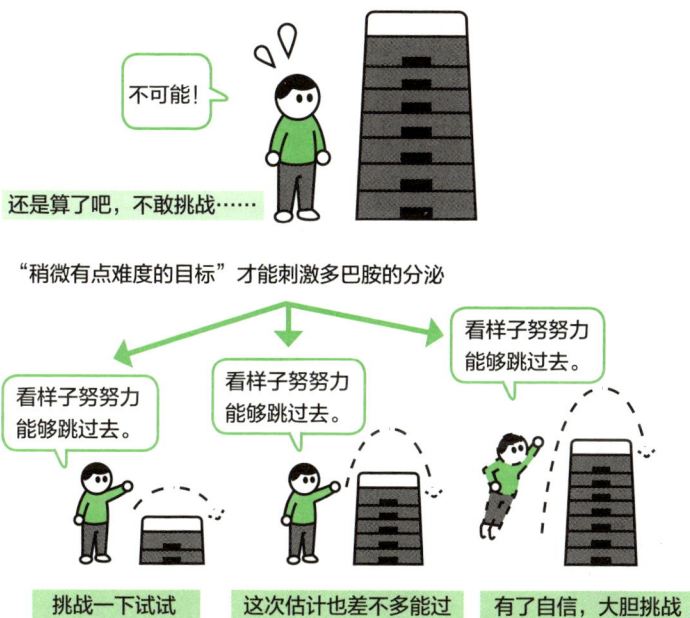

不可能！

还是算了吧，不敢挑战……

"稍微有点难度的目标"才能刺激多巴胺的分泌

看样子努努力能够跳过去。

看样子努努力能够跳过去。

看样子努努力能够跳过去。

挑战一下试试　　　这次估计也差不多能过　　　有了自信，大胆挑战

不能一开始就把难度定得太高，
挑战要循序渐进。

67 不管怎样，先做起来再说
Get Started

开始 5 分钟后，干劲就源源不断地涌出来了

　　工作就在眼前、书本就摆在桌上，可很多人宁愿整理书桌、看看电脑，也难以静下心来开始工作、开始学习。他们可能是在等"干劲"涌上来再开始。可是，这样不管等到什么时候，干劲都不会自己涌上来的。

　　如果能有一种方法帮我们战胜"拖延症"，立刻开始工作、学习，那该多好啊，我们肯定能在工作、学习中取得更大的成绩。世上真有如此了不起的方法吗？我可以肯定地告诉您，有！

　　其实很简单，就是"先做起来再说"。啊？！很多朋友是不是觉得我在开玩笑？心想："我本来就因为总迈不出第一步而烦恼，你却让我直接迈出第一步。这不是逗乐子嘛。"不是开玩笑，这就是最好的方法。

　　生活在北方的朋友，寒冬时节都有热车的体验吧。一大早，天寒地冻，汽车的发动机如果不预热一下就直接行驶的话会对汽车造成一定的损害。所以，我们一般会把汽车原地发动，让发动机保持怠速运转一段时间，待各个零部件都被"唤醒"，才正常行驶。但是，如果不启动发动机的话，汽车是不会自己"热身"的。我们的大脑也是同样的道理。

　　心理学上有一个著名的性格、人格测试叫作"克雷佩林心理测验"。而发明这种测验的德国神经科医生克雷佩林还曾提出过一种"工作兴奋"的说法。他把"开始工作后，人会越来越兴奋，干劲不断被激发出来"的状态，称为"工作兴奋"。他是在距今 100 多年前提出的这种说法，而最近的脑科学界才真正解开了"工作兴奋"的形成原理。

　　在我们的大脑中有一对"侧坐核"。它们位于大脑的正中央部位，呈左右对称分布，只有苹果种子那么大。侧坐核的神经细胞开始活跃的话，就会向海马体、前额叶发送信号，人就感觉充满了干劲，大脑的状态也开始活跃起来。但是，如果不给侧坐核的神经细胞施加一定强度的刺激，它们是不会活跃起来的。通过刺激使它们活跃起来，大约需要 5 分钟时间。

侧坐核被看作大脑"干劲"的开关。

"不管三七二十一，先做起来再说"，就等于打开了这个开关，侧坐核兴奋起来之后，真正的干劲就涌出来了。

所以，当人缺乏干劲，迟迟不想开动的时候，**只有硬着头皮"先做起来再说"**。可是，开始 5 分钟之后，您就会发现神奇的变化，感觉越做越想做，都停不下来了。

打开"干劲开关"的方法

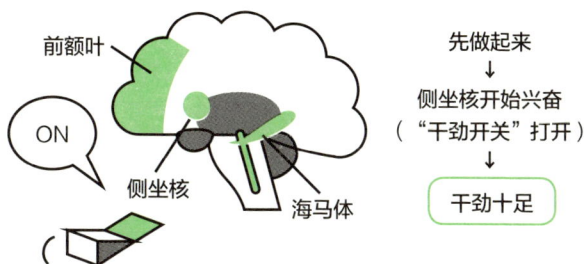

先做起来
↓
侧坐核开始兴奋
（"干劲开关"打开）
↓
干劲十足

前额叶

ON

侧坐核   海马体

等有了干劲再做。

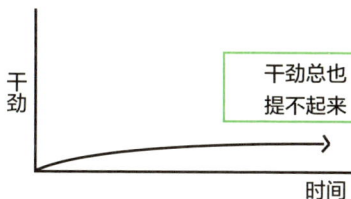

干劲   干劲总也提不起来

时间

先做起来再说。

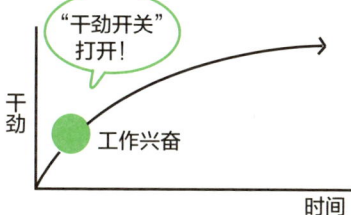

"干劲开关"打开！

干劲   工作兴奋

时间

即使不想做，也先做 5 分钟再说，
然后干劲会自动涌上来。

191

68 试试看
Give It a Try

不敢尝试，人生永远原地踏步

一旦提到要尝试一下新鲜事物，很多人都会满脸担忧地说："失败了怎么办？我可不想品尝失败的滋味。"像这样，害怕失败，对尝试、挑战充满戒心的人，我们身边比比皆是。

我在接受采访的时候，经常有记者问："桦泽先生，您觉得您人生最大的失败是什么？"我每次的回答都是一样的：**"我的人生，不曾有过失败！"**

"没失败过？你骗人吧？"肯定有人对此充满怀疑。实际上，不是没有失败，而是我从来没有后悔地说："哎呀，失败啦！"我做的事情，我不会后悔，别人眼中的失败，在我看来并不是失败。"我现在还活着"，就是我的人生没有出现过大失败的证据。说明我的人生还没有"Game Over"，我还在继续玩。

假如有一个游戏是收集到十个"犯错"硬币，就可以过关，进入下一关。人生就好像这样一个游戏，每收集到一个"犯错"硬币，人就成长一点，成长到一定程度就可以过关升级。如果能这样想的话，人生就简单了很多，只要多"犯错"就能成长。

但在现实世界中，大多数人都不舍得"犯错"。不敢做新的尝试，"犯错"硬币当然不会增加。所以，这样的人总是原地踏步。没有成长、没有快乐的经历、没有恋人，收入也不会增长。

这个世界上并不存在什么"失败"。**"进展不顺利""结果不是自己想要的"并不是"失败"，只不过是"犯错"而已。**

只要找出犯错的原因，想出不再犯错的对策，再次鼓起勇气去挑战，成功的那一天总会到来。犯错也是一种反馈，只要根据反馈的信息及时调整自己，就一定能战胜困难，渡过难关，成功实现自我成长。

害怕失败不敢尝试的人，无畏失败越挫越勇的人，您认为哪种人成长更快呢？

只要您稍微改变一下思维方式，您的人生中就不会再有"失败"。通过尝试、犯错、再挑战的循环实现自我成长，您就可以进入一个快乐无比的世界。

哪种人成长更快？

提升实力
突破现实

成功

勇于尝试的人

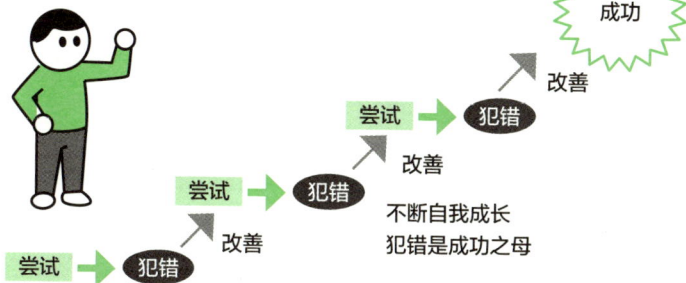

改善

尝试 → 犯错

改善

不断自我成长
犯错是成功之母

尝试 → 犯错

改善

尝试 → 犯错

害怕失败的人／不敢尝试的人

成功？

失败？

不敢尝试 —— 无法自我成长 → 永远原地踏步

犯错是成功之母。
不要害怕失败，大胆去尝试！

69 感受快乐
Have Fun

"快乐"可以提升记忆力和动力

您知道那些学习成绩不好的孩子，为什么成绩不好吗？这和孩子大脑聪明与否没有关系。其中的理由是"他们讨厌学习"。因为不喜欢学习，学习效率和效果就会十分低下。

人快乐的时候，记忆力和学习动力都会提升。而厌恶的情绪，会使记忆力和学习动力大幅下降。所以，带着厌恶的情绪学习，不管花多少时间，成绩都不会太好。

花相同的时间学习相同的内容，人的情绪"快乐"还是"厌恶"将极大影响学习的效率和结果。

日本大阪大学的研究人员曾进行过一个实验，他们让学生在朗读一篇文章的同时背诵其中指定的词语。结果，那些"积极的词语"学生的记忆率高，而"消极的词语"学生记住的相对较少。积极的词语可以使人心情愉悦，消极的词语则使人情绪低落。由此证明，人在不同情绪状态下的记忆力是不同的。在积极、正面的情绪状态下，记忆力更强。

积极、消极情绪与记忆力的关系

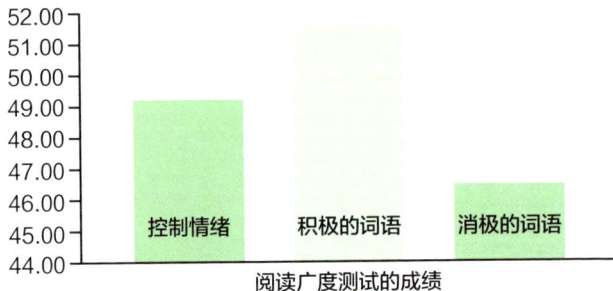

控制情绪	积极的词语	消极的词语

阅读广度测试的成绩

参考：《关于遗忘的脑科学》（苧阪满里子著）

当人感到快乐的时候，脑内会分泌多巴胺。多巴胺是一种"幸福物质"，也是能够提高专注力、学习能力的动力之源。总而言之一句话，多巴胺对我们好处多多。

不情不愿、心怀厌恶地做一件事情，我们的脑中就会分泌皮质醇，皮质醇是一种压力激素，让我们感觉到压力。而且，皮质醇还是一种使记忆力降低的激素。在某种情况下，这也是我们的一种自我保护机制，因为遇到非常令人厌恶的经历时，脑内就会分泌皮质醇以便尽快忘记那些不快的事情。当体内皮质醇的含量持续保持较高水平时，掌管临时记忆的海马体的容量会减小（脑细胞死亡）。

所以，不开心地工作、学习，不仅效率极其低下，而且结果也会令人大失所望。既然工作、学习都不能不做，那么与其心不甘情不愿地做，不如快乐地去做。要想办法发现工作、学习中的乐趣，让自己喜欢上它们。**开心地做，就像开汽车时踩油门，而厌恶地做，则像踩刹车。**

同样都是输出，何必不开心快乐地去做呢？

心理状态与动力

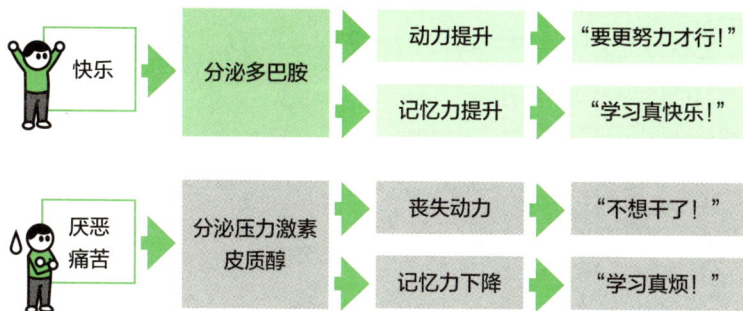

快乐	→ 分泌多巴胺	→ 动力提升 → "要更努力才行！"
		→ 记忆力提升 → "学习真快乐！"
厌恶痛苦	→ 分泌压力激素皮质醇	→ 丧失动力 → "不想干了！"
		→ 记忆力下降 → "学习真烦！"

不管工作还是学习，
要想方设法发现其中的乐趣。

70　做决定
Make a Decision

5秒内做出决定，就选那个令我们"跃跃欲试"的选项

"犹豫不决，拿不定主意""瞻前顾后，左右为难""最后一刻，改变主意"……您身边有没有这样的人呢？现实中，这样的人还很多呢。

有的时候，做决定确实不是一件轻松的事情，但如果您了解接下来介绍的"快棋理论"，那么快速做决定就没那么困难了。

研究人员给职业象棋手看一个盘面，然后让他们在5秒钟内给出下一步走法。等棋手给出下一步走法后，再让他们仔细研究刚才那个盘面30分钟。经过30分钟的深思熟虑后，再请他们给出下一步走法。这个实验的结果显示，"5秒钟做的决定"和"思考30分钟后做的决定"有86%是一致的。

根据直觉做出的判断，也就是快速做出的判断，正确率还是相当高的。经过长时间深思熟虑之后做出的判断，和第一眼的选择，也没有太大区别。

不过，有一点需要注意的是，前面那项研究是以职业象棋手为对象的。也就是说，只有那些具有丰富经验、知识的人，在自己的专业领域做判断的时候，才能采用5秒直觉判断。试想，如果让一个毫无经验的新职员在5秒钟内判断公司的决策，那正确的概率应该和瞎蒙的差不多。

以职业象棋手为对象进行的研究

5秒钟决定的走法和思考30分钟后决定的走法，86%是一致的。

经验丰富的人，在自己的专业领域5秒快速判断的结果正确率很高。

虽然我告诉您做决定最好在 5 秒内完成，但很多朋友肯定一脸茫然，心想：5 秒钟？我该怎么选择呢？当我在选择中陷入迷茫的时候，我会根据以下两个标准来判断。第一标准是"选那个让我跃跃欲试的选项"。换句话说，不做精打细算的思考，全凭直觉选。

"跃跃欲试"，说明人在潜意识之中想做这件事。另外，人在"跃跃欲试"的时候，脑内会分泌多巴胺，大脑机能得到提升，如果选择这个选项，最终成功的概率也会相对较高。

第二个标准是，"选择第一个想到的选项"。大脑中第一时间闪现出来的想法，是以"直觉""本能"为基础的，也可以叫作"心声"。而后面经过思考得到的想法，基本上都是权衡各个方面的因素得到的一个妥协的方案。

举例来说，"暑假我想去夏威夷旅行！但要花很多钱啊"。估计很多爱旅行的朋友都产生过类似的想法。"想去夏威夷旅行！"是从直觉产生出来的跃跃欲试的冲动，而"要花很多钱"则是精打细算出来的结论。遵从哪一方才能让人生更快乐呢？凭着直觉去选择，我们将获得一个痛快淋漓的人生；而精打细算之后，我们将被现实捆住手脚，走上一条平庸之路……

相信自己的直觉，5 秒钟内选择那个令人跃跃欲试的选项，人生一定能变得更快乐、更洒脱！

我做决定的方法

5 秒内做出决定	选那个让我跃跃欲试的选项	选择第一个想到的选项

相信自己的直觉，
5 秒钟内选择那个令人跃跃欲试的选项。

71 用语言"排毒"
Express in Words

痛苦的事情，一吐为快

日本人喜欢"忍耐"。虽说在某些情况下"忍耐"是一种美德，但过度的忍耐会给人带来巨大的精神压力，给人的心理健康造成不利影响。

当人感觉"痛苦""郁闷"的时候，把心里话说出来，就可以起到极大的"治愈"效果。

举个例子，小朋友在打预防针的时候，大多都会哭叫、大喊："好疼！好疼！"很多家长觉得孩子怕疼很丢脸，但实际上把疼痛的感觉大喊出来对孩子来说具有重要的意义。

在一项心理实验中，孩子们被分为两组接受预防接种。A 组小朋友在打针时，大喊"好疼！好疼！"；B 组小朋友打针时则咬牙忍耐，不发出任何声音。

结束后，研究人员让两组小朋友用数值表示自己感受到的疼痛。结果，喊疼的 A 组比忍耐的 B 组，对疼痛的感觉要低五分之四。由此可见，**只是把疼痛喊出来，就可以大幅缓解疼痛，减少疼痛带来的精神压力。**

喊出"好疼"，就可以大幅缓解疼痛的感觉

好疼！

咦？并没有预想的那么疼。

美国华盛顿癌症医疗中心也进行了一项意味深长的研究，医生让晚期癌症患者写笔记。

医生告诉患者，在限定的 20 分钟里，"请写出癌症给自己带来了什么改变。自己对这种改变有什么想法"。

结果，通过写笔记，有49%的患者认为"自己对疾病的看法改变了"，38% 的患者认为"现在的心情变好一些了"。尤其是对年轻的患者、最近刚检查出癌症的患者，效果更强。

通过文章或语言将自己心中的痛苦、压抑"表达"出来，**便可减轻痛苦、压抑的感受**。

具体方法就是找人倾诉。如果不喜欢向人倾诉，也可以把自己心中的痛苦、压抑、郁闷的感受全都写出来。最好天天写，就像写日记一样。通过这种方式，把心里的"毒素"排出去。

用语言把心中的"毒素"排出来

没有倾诉对象，我可以通过写日记的形式把心中的"毒素"排出来。
· 痛苦
· 压抑
· 郁闷

把痛苦、压抑的感受，全都写在秘密日记本上。

72 降低门槛，完成工作
Complete

先做出"30 分的半成品"，再花时间把它打磨成 100 分的成品

文件有提交时间、书稿有截稿期限，一旦涉及有期限的工作，很多人就是无法按时完成，总会拖延。也有的人，一下子给自己定了一个超高目标，并信誓旦旦地要完美完成，结果自己把自己"镇"住了，迟迟不能开工，或开工以后也毫无进展。

我的朋友中，有很多人都曾立志说："我要出书！"而且，他们的写作水平都不低，每天更新的博客也很精彩，但其中不少人写了不到 10 页就写不下去了。这是为什么呢？

原因是他们一开始设定的目标是："我要写出 100 分的书稿！"尤其是很多新手作家，意气风发、信心满怀，总想："我一定要写出毕生最高水平的书来！"结果，一天写不了几页，就感觉江郎才尽了。

我开始写一本书的时候，"目标只定在 30 分"。听到这儿，肯定有人质疑："你是开玩笑的吧？"但事实就是如此，现实中我就是这么做的。

不能按时完成工作的原因

		目标 100 分	结果 70 分	
新手	首先完成		修改、添加	延期
时间分配 8：2	8		2	

		目标 30 分	结果 100 分
熟手	首先完成	修改、添加	
时间分配 5：5	5	5	

正确的方法应该是把门槛降低，目标先设定在 30 分。在这个阶段，文章的质量先放一边，**"写完"才最重要**。然后，再在 30 分半成品的基础上，不断加工、修改。

修改一次，就可以从 30 分提高到 50 分；修改第二次，就从 50 分升到了 70 分；修改第三次后，就已经达到 90 分了。最后，在截稿时间之前，做最后的加工，力争做到 100 分。所以，我们的策略是先降低门槛，一口气把文稿写完，**然后再花时间进行修改、加工**。这两个步骤所花时间的比例为 5 : 5。

一开始就把目标定为 100 分的人，要把文章整体写完需要花很多的时间。相应地就减少了修改、加工的时间。创作和修改所花时间的比例为 8 : 2 左右。因为修改、加工的时间不够，所以最终完成的作品，也无法实现最初的目标——达到 100 分。这就很遗憾了。

写策划书、报告书、书稿，制作幻灯片等，都是同样的道理。一开始别要求太高，以 30 分目标先把文稿整体做完。随后还有充足的时间进行修改、加工，最终写出的成品才能得高分。

30 分初步目标

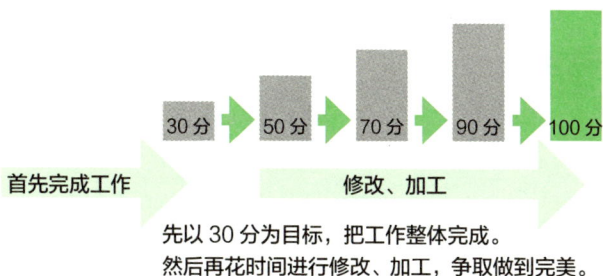

| 30分 | 50分 | 70分 | 90分 | 100分 |

首先完成工作　　　修改、加工

先以 30 分为目标，把工作整体完成。
然后再花时间进行修改、加工，争取做到完美。

第一稿要尽快写完，
以确保修改、加工的时间。

73 领导能力
Lead

不以"目标"压迫人，而用"愿景"鼓舞人

"本月的销售额一定要达到三亿日元！"销售部部长这样的嘶吼，根本无法激发部下的工作动力。"这个月如果完不成销售任务，大家的奖金可就堪忧啦！"上司想用这样的方法给部下加点压力，结果只能让部下像泄了气的皮球一样更加没有干劲。因为这样一来，对部下来说，工作不再是"自发地工作"（分泌多巴胺），而变成了"被迫地工作"（分泌压力激素）。

我们自己设立的目标能刺激多巴胺的分泌，而别人强加给我们的目标，而且是难以接受的目标，就只能刺激压力激素的分泌。

那么，到底该怎样领导团队成员、部下、员工呢？怎样才能更好地发挥领导能力，激发部下、伙伴的工作动力呢？

其实也很简单，就是不要给部下设定"目标"，而向他们描绘"愿景"。所谓"愿景"，就是公司或个人想实现的"理想的状态""理想的形象"。

想象一下，如果我们只打出一个"目标"，恐怕很少会有人追随我们一起努力。但如果描绘一个"愿景"，那么同样向往这个愿景的人，就会纷纷起来帮助我们。而且，这些自愿前来帮忙的人，动力强、干劲足，自然也能发挥出强大的能力。

日本热血励志漫画《海贼王》（One Piece）已经累计发行了超过三亿册，是一部名副其实的国民漫画。"草帽海贼团"的船长路飞就不断地在宣言自己的愿景："海贼王，我当定了！"而对他的这个愿景产生强烈共鸣的人，纷纷来到他身边，跟随他一起实现理想。

路飞的目标是"得到巨大的宝藏（ONE PIECE）"，但如果直接把这个目标说出来，就太过现实、功利了，以利益作为出发点，难以召集到志同道合的同伴。

我的人生愿景是"**用浅显易懂的方式传播精神医学、心理学知识，减少抑郁症和自杀的发生率。帮助大众预防心理疾病**"。我的这个理想，引起了很多人的共鸣，所以我得到了很多人的帮助、支持。大家知道我的书、个人媒体上的内容都是为了预防抑郁症、自杀而写的，所以他们也会积极地帮我传播。

我的目标是"写出能够畅销 100 万册的书""YouTube 的粉丝达到 10 万人"。但如果我直接喊出这样的目标，恐怕大家都会觉得我这个人太过功利了，从而失去人心，就没有那么多人愿意支持、帮助我了。

愿景是利他性的，社会责任感更强，而目标多是现实的、利益至上的。人类对崇高的"梦想""理想"更容易产生共鸣。所以，在领导别人的时候，不能用"目标"诱惑人，而应该用"愿景"感染人。

愿景与目标的区别

愿景	目标
未来的状态 理想的形象	现实的目的
利他性的、社会责任感	现实的、利益至上的
提升动力	降低动力
协助、支持、团结、 自发的、主动的	非积极的、被动的、各自为战

宣布自己崇高的"梦想""理想"，
自然有人追随而来。

74 笑
Laugh

做出一副笑容，10 秒钟后就会真的开心起来

前面我讲的输出，输出的内容都是信息。其实，除了信息，**我们还应该积极地输出"感情"**。输出感情也有很多好处。比如笑、哭等。

关于"笑"的积极效果，美国加利福尼亚大学的研究人员进行了一项有趣的实验。研究人员在测定受验者心率、体温、皮肤电信号、肌肉紧张度等指标的同时，让受验者做出笑、恐惧、愤怒等表情。

结果，受验者在做出"笑容"10 秒钟内，身体特征就发生了变化。此时的身体特征，和"安心"时的身体特征完全一致。而受验者做出"恐惧"的表情之后，身体特征就和真正感到恐惧时如出一辙。

也就是说，**仅仅是做出"笑容"10 秒钟，人原本的紧张情绪就会得到缓解，还会进入开心的状态**。可见，笑容的效果是立竿见影的。

从脑科学的角度看，当人做出笑容之后，体内会分泌血清素、多巴胺和内啡肽三种脑内物质。分泌这三种脑内物质的时候，体内压力激素的水平就会下降，副交感神经处于优势地位。所以，笑容有助于缓解压力、消除紧张情绪。

可以说，**笑是锻炼大脑最佳的方法，也是缓解紧张情绪的不二之选**。

话虽如此，在现实生活中要凭空制造一个笑脸，还真不是那么容易的事情。制造笑容，需要脸上很多小肌肉群的协同工作，但那些平时很少笑的人，脸上的肌肉已经僵硬了，想制造出笑容都不太容易。所以，**平时注意锻炼笑容很重要**。我每天早晨在刮胡子的时候，就会对着镜子锻炼自己的笑容。

另外，笑容还被称为人际交往的润滑剂。爱笑的人，运气都不会太差，身边好事不断。所以，您还等什么呢？赶快让笑容成为自己最厉害的武器吧。

笑容的八大效果 ☺

【笑容的效果】一　提高免疫力

- 人笑的时候，能够提高 NK 细胞的活力，而 NK 细胞是杀死癌细胞的利器。
- 人笑的时候，脑内内啡肽浓度提升，免疫力增强。

【笑容的效果】二　缓解压力

- 人笑的时候，压力激素皮质醇的分泌受到抑制。
- 人笑的时候采用腹式呼吸，所以血清素的活力得到提升，结果，紧张情绪得到缓解。

【笑容的效果】三　缓解疼痛

- 笑 15 分钟，人能忍受的疼痛程度提升 10%。
- 人笑的时候，脑内会分泌镇痛物质——内啡肽。

【笑容的效果】四　对缓解身体各种症状都有效

- 人笑的时候，血管得到扩张，血压降低，对心脏有好处。
- 人笑的时候，可以有效抑制血糖值的升高。
- 人笑的时候，可以消除便秘（调整自律神经的平衡）。

【笑容的效果】五　提高记忆力

- 人笑的时候，有抑制皮质醇分泌的效果，所以可以减少海马体神经元的损失，从而提高记忆力。
- 人笑的时候，脑电波中的 α 波增强，人处于放松状态，专注力、记忆力都会提高。

【笑容的效果】六　幸福感增强

- 人笑的时候，幸福物质多巴胺、快乐物质内啡肽的分泌都会增加。所以人会感到幸福、快乐。
- 爱笑的人，30 年后的幸福指数普遍比较高。

【笑容的效果】七　思维方式变得积极

- 即使只是制造出来的笑容，也会让人的思维方式变得积极。

【笑容的效果】八　长寿

- 爱笑的人比不爱笑的人，平均寿命长 7 岁。

参考：《别那么努力，反而能治病》（桦泽紫苑著）

> 早晨起床后，洗漱的时候，
> 对着镜子把嘴角提起来。

75 哭

Cry

哭泣具有发散压力的效果

感情的输出，除了笑，还有哭。

在日本的文化中，认为人在痛苦的时候"忍住不哭"是一种美德。

比如，情侣约会，一起去看电影，当电影演到悲伤之处时，双方都会想："如果我哭了，一定会被恋人瞧不起！"结果就拼命忍着，这可是会憋出内伤的。

忍住不哭，只能给我们徒增巨大的精神压力。"哭泣"可以帮我们疏解情绪，缓解压力。也就是说，哭泣对我们的心理有积极的作用。

当人忍住不哭的时候，交感神经处于优势地位，这时，人就陷入紧张状态。而开始哭泣、流泪的瞬间，便会**切换到副交感神经处于优势地位，人进入放松模式，也就是"治愈"模式**。

另外，眼泪含有 ACTH（促肾上腺皮质激素）。前面讲过，皮质醇是一种压力激素，而 ACTH 具有促进皮质醇分泌的效果。而 ACTH 随着眼泪被排出体外之后，皮质醇的分泌就会受到抑制。所以，**哭泣具有缓解精神压力的效果**。

哭泣的效果

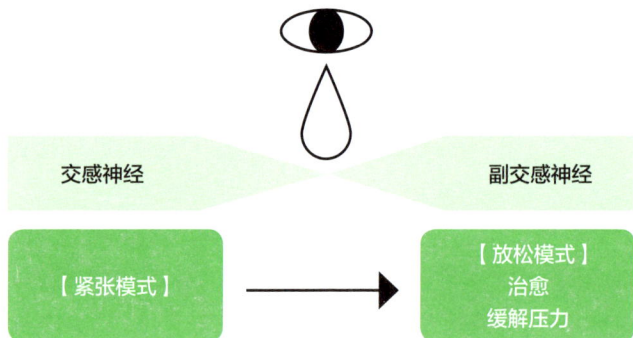

可是，我们一般人生活中并不是经常遇到需要大哭的场合。如果经常大哭，那生活也太悲惨了。所以，我建议使用电影、电视剧、小说、漫画等文艺作品来帮忙催泪，借此来发泄情绪、治愈心灵。

古希腊哲学家亚里士多德曾在其著作《诗学》中说，通过观看悲剧，让心中积淀的负面感情得到释放，从而达到净化感情的作用。现代，我们通过看电影、电视剧、话剧，把自己的感情表达出来，也能起到净化感情的作用。

作为一名电影评论家，下面就为大家列出一个"催泪电影"清单，请大家参考。

催泪电影清单

【必看篇】	【个人珍藏篇】
《肖申克的救赎》1994 年	《永远的我们》2011 年
《绿里奇迹》1999 年	《最后的假期》2006 年
《死亡诗社》1989 年	《灵魂冲浪人》2011 年
《世界末日》1998 年	《机器管家》1999 年
《泰坦尼克号》1997 年	《达拉斯买家俱乐部》2013 年
《人鬼情未了》1990 年	《十月的天空》1999 年
《美丽人生》1997 年	《沉默奔跑》1972 年
《天堂电影院》1988 年	《声之形》2017 年（日本 2016 年上映）
《萤火虫之墓》1988 年	《降临》2016 年
《在这世界的角落》2016 年	《美味情缘》2007 年
（以上是在电影史上留下美名的杰作，绝对催泪，不可错过）	（以上是我个人非常喜欢的催泪电影，欢迎品鉴）

制作一份自己的
催泪电影清单。

76 控制"愤怒"
Control Your Anger

愤怒的情绪不该乱发泄，而应该疏导

"笑""哭"都属于感情输出，平时多输出，好处多多。发怒，也属于一种感情输出，但唯有这种感情输出不宜太多。发怒太多的话，伤人伤己，尤其对人际关系影响非常恶劣。

医学专家研究发现，易怒的人与随和的人相比，患上**心肌梗死**和冠心病的风险要高两倍以上。特别是暴怒的时候，**心肌梗死**和冠心病的突发风险，是平时的 4.7 倍。

生活在世上，难免会遇到各种矛盾，心里产生愤怒也不稀奇。但重要的是，我们不要随便把愤怒发泄出来，而要学会**控制愤怒的情绪**。

当人被什么事情激怒，马上就要爆发的时候，脑内会分泌肾上腺素。肾上腺素在我们体内的半衰期只有短短的 20~40 秒。也就是说，只要忍耐 30 秒，我们就可以度过愤怒的最高峰。可见，**愤怒这种情绪，来得快，去得也快**。

可话虽如此，当怒火攻心的时候，能够"忍耐 30 秒"的人还是少之又少的。对于那些难以忍耐的朋友，我给您介绍一种有效控制愤怒的方法。

当人体分泌肾上腺素的时候，交感神经就处于优势地位。而深呼吸可以将交感神经的兴奋切换到副交感神经的兴奋，所以，深呼吸就可以让我们冷静下来。

也有很多人说："有的时候，深呼吸也难以熄灭我心中的怒火。"其实，这种情况大多是因为深呼吸方法不正确造成的。我推荐的方法是"一分钟深呼吸法"。

一分钟深呼吸法
（1）用 5 秒钟慢慢吸气；
（2）用 10 秒钟慢慢呼气；
（3）再用 5 秒钟将肺里的空气全部排空；
（4）将（1）～（3）的过程重复三遍，刚好一分钟。

参考：《为什么精英这样用脑不会累》

这个深呼吸方法您可以试试，先用 5 秒钟慢慢吸气，再用 10 秒钟慢慢呼气，接着再用 5 秒钟把肺里的空气全部呼出去。呼吸的时候，心中默默数秒："1、2、3……"。这样一来，注意力都集中在数秒和呼吸上了，就会把发怒的事情先放下了。或者，深呼吸的同时看着手表的秒针或数字数秒，效果更好。

用我教的方法，20 秒完成一次深呼吸，三次深呼吸正好一分钟。随后您会发现，自己的愤怒情绪已经不知跑哪儿去了。甚至怀疑自己刚才为什么生气。

不过，要掌握正确的深呼吸方法也并不那么简单，还是要多加练习。有兴趣的朋友，或者容易发怒的朋友，不妨读读拙作《适度紧张可以让我们的能力提高一倍》。在那本书里，我用了 15 页的篇幅教大家正确的深呼吸方法。

控制"愤怒"情绪

仅通过深呼吸就可以让副交感神经兴奋起来

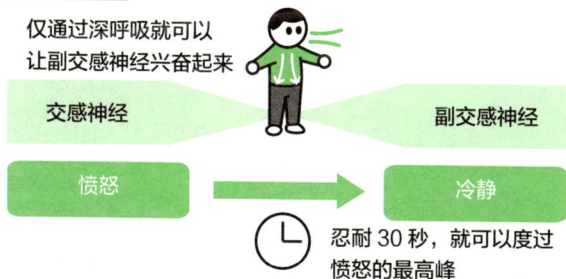

交感神经　　　　　　　　　　副交感神经

愤怒　　　→　　　冷静

忍耐 30 秒，就可以度过愤怒的最高峰

如果您想长寿，
请好好处理自己的愤怒情绪。

77 睡眠
Sleep

工作成绩不佳，有可能是睡眠不足的错

看到"睡眠"这个小标题，可能有朋友会怀疑："把'睡眠'写在这本书里不合适吧？睡眠跟输出好像没关系呀。"但是，对输出来说，睡眠可是极其重要的一环。可以说，睡眠是输出的大前提。

如果您把我这本书里的所有输出方法都学会了，都应用了，可如果睡眠不足的话，也难以取得显著的效果。其实不仅限于输出，工作、学习、生活的方方面面都离不开良好的睡眠。人在睡眠不足的状态下，专注力、记忆力、工作记忆、学习能力、行动能力、数学能力、推理能力等所有大脑机能都会处于很低的水平。

顺便介绍一个睡眠不足的标准：**每天睡眠时间不足六小时**。

据美国宾夕法尼亚大学的研究，如果一个人连续 14 天每天只睡六小时，那这个人的专注力会非常差，和连续两个昼夜完全不睡觉的状态是一样的。每天睡眠不足六小时的人，工作时的状态，就和前两天彻夜加班的人一样。这个数据的冲击性还是相当大的。可见长期睡眠不足的可怕性。

睡眠时间与专注力的关系

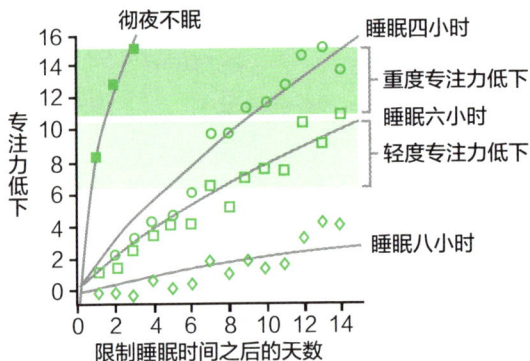

研究人员让受验者做一个测验，看到显示器中哪个按键带有红圈，就马上按下哪个按键。然后对受验者每天的睡眠时间进行限制，并且每天做上述测验。作图中的纵轴表示受验者按键反应速度超过 500 毫秒的次数（数值越大表示专注力越低）。
宾夕法尼亚大学，Hans P. A. Van Dongen 博士等人的研究

　　还有另外一项研究证明，如果人每天的睡眠不足六小时，那些学习的内容就难以变成长期记忆储存在大脑中。

　　在睡眠不足的状态下输出，不管是工作还是学习，就像不塞浴缸的排水口向浴缸里放水一样。大部分水都流走了，永远也灌不满，甚至浴缸里一点水也剩不下。记忆、经验什么都没积累到，人还谈什么自我成长？

　　做个形象一点的比喻，人长期处于睡眠不足的状态，就像给自己废掉了一只手和一只脚，**只能发挥出不到一半的能力**。

　　因此，想要通过输出来实现自我成长，**每天必须保证七小时以上的睡眠时间**。

　　另外，睡眠不足不仅会降低工作、学习的效率，还会对健康造成恶劣影响，甚至缩短寿命。长期睡眠不足的人，患癌症的风险比睡眠充足的人高五倍，脑中风的风险高三倍，**心肌梗死**的风险高两倍。总体对比，死亡率要高 4.6 倍。**与"吸烟"相比，"睡眠不足"对健康的危害有过之而无不及**。这一点是不是觉得很意外？

　　总而言之，不管为了什么目的，我们都应该保证充足的睡眠。

睡眠不足的人与睡眠充足的人相比，患病风险要高出很多

癌症	高五倍	高血压	高一倍
脑中风	高三倍	糖尿病	高两倍
心肌梗死	高两倍	感冒	高两倍

死亡率　高 4.6 倍

睡眠不足是指每天睡眠不足六小时。以上数据根据多篇论文推算而来。

每天保证七小时的睡眠时间，
应该比任何事情都优先。

78 运动
Exercise

每周两次，每次一小时的有氧运动，可以充分激发大脑的活力

很多人可能都抱怨过："如果我爸妈给我一个更聪明一点的大脑，我的人生应该不会像现在这样。"

但其实上，从现在开始，您依然可以让自己的大脑变得更聪明。很多人认为人的能力是天生的，后天不能改变，但我告诉您这种想法大错特错。

25 年前我刚成为医生的时候，当时的理论认为"人脑的神经细胞不会增殖，人脑的神经细胞从出生开始只会不断减少，不会增多"。这是神经学的所谓"大前提"。但是，近年的研究把这理论彻底颠覆了。

科学家发现，人类大脑海马体的齿状回中有一种名为"颗粒细胞"的神经细胞是可以新生的。也就是说，我们的大脑中每天都有新的神经细胞诞生。而海马体和记忆存在着密切的关系。

神经细胞新生所必需的物质是脑源性神经营养因子（BDNF）。科

运动使大脑变聪明的理由

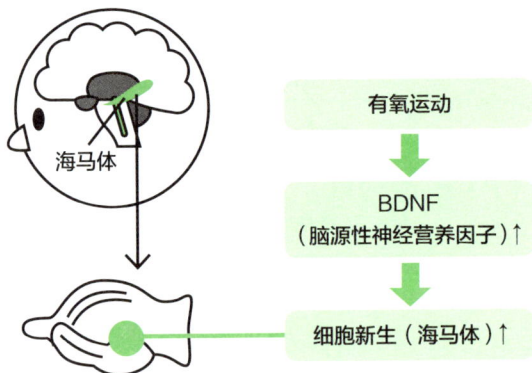

海马体

有氧运动
↓
BDNF
（脑源性神经营养因子）↑
↓
细胞新生（海马体）↑

学家还发现，有氧运动可以促进脑源性神经营养因子的分泌。

也就是说，**有氧运动可以促进我们大脑内神经细胞的新生，使记忆力增强，大脑变聪明。**顺便介绍一下，阻碍海马体神经细胞新生的物质是一种名叫皮质醇的压力激素。所以，当人长期处于精神压力之下时，记忆力就会越来越差，变得越来越健忘。

如果您想自己的大脑变得更聪明，那么就请多做有氧运动吧。对中年人来说，合适的运动量为**一周两次以上，每次一小时左右。**这样的运动量，对于增强大脑活力具有明显的效果。

另外，20 分钟的有氧运动，人脑内就会开始分泌多巴胺。所以，运动之后人的专注力、记忆力、学习能力、动力都会获得提升。前面我已经多次强调，在自我成长的过程中，多巴胺是一种不可或缺的"润滑剂"。而进行轻松的运动就可以促进多巴胺的分泌，我们当然没有理由拒绝运动。

想变得更聪明的朋友，想加速自我成长的朋友，别宅在家里了，赶快运动起来吧！

有氧运动后大脑机能获得提升

1. 专注力提升
2. 记忆力提升
3. 学习能力提升
4. 动力提升

运动加速
自我成长！

运动不仅可以增进身体健康，
还能让我们的大脑变得更聪明。

79 风险管理
Manage Risks

尽量消灭"失误事件"

　　不管在什么样的职场，都有可能发生纠纷或事故。我们应该在平时做好充分的准备，对纠纷或事故有足够的预测，以防止此类事件的发生。

　　在医疗界，为了防止发生"医疗事故"，所以对风险管理的研究非常盛行，目的是防患于未然。在预防事故和灾害领域，有一个非常著名且有用的法则——"海因里希法则"。

　　曾在保险公司技术调查部工作的赫伯特·威廉·海因里希对 5000 件以上的劳动事故进行了统计学的分析，结果得到了一个"1：29：300"的比例。即每发生一件重伤、死亡事故背后，必定有 29 件轻微事故，以及 300 件失误事件。

海因里希法则

为防止重大事故的发生，应该尽量减少小失误的发生

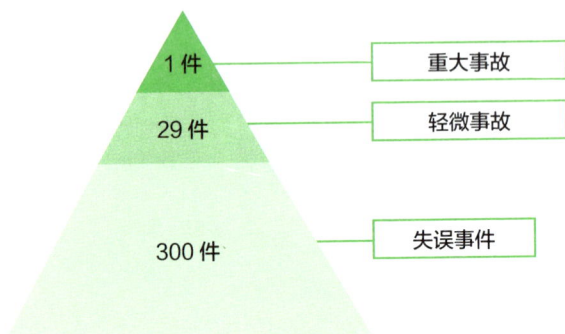

1 件	—— 重大事故
29 件	—— 轻微事故
300 件	—— 失误事件

参考：《绝对不犯错的人脑习惯》（桦泽紫苑著）

"重大事故""轻微事故""失误事件"按照 1∶29∶300 的比例发生。也就是说，为了防止发生"重大事故"，必须减少"轻微事故"，尽量消灭"失误事件"。

　　我们应该把以往发生的"失误事件"都记录下来，进行分析总结，寻找原因，制订对策，尽量消灭"失误事件"，进而就可以减少"轻微事故"，最终才能有效防止"重大事故"的发生。

　　较大的医院都设有"医疗事故对策委员会"，这个委员会会收集医院发生的各种"失误事件"。当发生可能引发事故的"失误事件"时，医生或护士有义务向委员会报告。这样可以唤起医院所有人对"失误事件"的重视，对于反复多次发生的"失误事件"，医疗事故对策委员会会分析原因、制订对策，并将其写入医院的《安全手册》，以便教育所有工作人员。

　　把握情况→分析原因→制订对策。当发生"失误事件"或"轻微事故"时必须进行彻底调查，分析其发生的原因，进而制订预防对策，以防止发生更大的事故。

　　这里所讲的"事故"，放在商务工作场合可以替换成"错误"。

　　"重大错误""轻微错误""失误事件"发生的比例也是 1∶29∶300。所以，为了防止工作中发生重大错误或纠纷，我们应该在平时多加注意，尽量减少甚至消灭"失误事件"的发生。

收集失误事件	→	把握情况总结信息	→	分析原因	→	制订对策
输入		输出		反馈		行动（DO）

　　小错误是大错误的根源，
　　不要放过任何一个小错误。

80 时间管理
Manage Time

灵活运用每天 15 分钟的 "空闲时间"

至此，我已经为大家介绍了很多种输出方法。但可能很多朋友还面临一个共同的问题——"即使知道输出方法，我也没有时间输出啊"。

白天工作忙得不可开交，下班还有应酬，回到家已经很晚，还要做家务、陪孩子……这也是大多数上班族的共同生活状态。

所以，为了提高自己而进行学习、自我投资的输出时间，对忙碌的上班族来说确实非常少。

但是，为了获得自我成长，为了将来的自己更加强大，我们必须通过输出来提高自己。所以，我们还要学会管理时间的方法，在忙碌的工作、生活中抽出时间来输出。下面就为您介绍我的一些时间管理术。

（1）15分钟输出法

"用15分钟学习"和"用60分钟学习"，哪个效果好？肯定大多数人都觉得"60分钟"时间长，肯定学习效果更好、收获更多。但这种想法并不一定正确。

对学习、工作来说，时间并不是最重要的，最为重要的是"专注力"。"精神涣散地学习60分钟"，效果肯定不如"专注地学习15分钟"。

当时间被限定的时候，我们的专注力反而会提高。因为这个时候我们才会感觉到时间的宝贵，分秒必争。时间限定不一定非要是15分钟，其他时间也可以，但必须得给自己一个限定。

只要给自己限定了时间，即使时间不长，我们同样可以通过高度集中专注力来高效率地学习、工作，获得比长时间学习、工作更好的效果。使用计时器或秒表，能进一步增强紧迫感，从而使我们的专注度更高。

比如，"最近刚读完一本书，我想用15分钟写一篇读后感"，如果足够专注的话，完全可以在15分钟内写好一篇高质量的读后感。像这样，再忙的一天，抽出15分钟总还是能办到的。结果，用着短短的时间就完成了一项高质量的输出，何乐而不为呢？

所以，要想更好地利用时间，建议大家先从"**每天用 15 分钟完成一项输出**"开始。

（2）活用"间歇时间"

每天争分夺秒地工作，恨不得手脚并用的商务人士，要想安安稳稳地坐在办公桌前，为自我成长而学习一会儿的话，简直太难了。白天很难挤得出时间来。下班回到家后，疲惫的身心一下子放松下来，又失去了学习的意愿。

对如此忙碌的商务人士来说，要想每天确保一定的学习时间，唯一的方法就是灵活运用"**间歇时间**"。

我所说的间歇时间，是指上下班等公交车、地铁的时间；乘公交车、地铁的时间；午休时间；等待客户的时间；等等。特别是通勤时间，大城市中的人一般上下班单程都需要个把小时，是非常完整的一块学习时间。

这样的间歇时间，就应该作为"**输入 & 输出的自我投资时间**"使用。

（3）智能手机是一种不可多得的输出工具

相信现在大部分朋友都会用智能手机，看看微博、微信，读读新闻。如果只是这样使用智能手机，那它只是一个输入工具。很多人在上下班的公交车、地铁里，也只是用手机看微博、微信、新闻度过。

没有输出的输入，结果只能是很快遗忘。我认为，"只看手机"是对时间最大的浪费。

说到底，智能手机只是个工具，它本身没有好坏之分，重要的是怎么用它。我认为不能只把手机当作输入工具使用，**还要用它输出**。而不受时间、场合的限制，随时都可以进行打字，也是智能手机的一大优势。

读书的感想、电影的观后感、学习到的知识点。三行、三个要点，用智能手机只需 5 分钟就可以写出来。所以，应用得当的话，用手机在任何时间、任何场所都可以进行输出。

如果无法在忙碌的工作、生活中抽出 30 分钟、一小时的大块时间进行输出，那可以利用短暂的间歇时间进行输出，**5 分钟也足够输出很多内容了**，15 分钟就更好了。

上下班途中、去见客户的路上，这样的间歇时间完全可以保证每天15分钟的输出时间。所以，大家一定要把间歇时间充分利用起来。时间虽短，但只要集中精神，一样可以完成高质量的输出。

有关管理时间的知识和技巧，拙作《为什么精英都是时间控》中有详细介绍，有兴趣的朋友可以参考。

确保输出时间的方法

（1）限定时间 15 分钟

（2）灵活运用间歇时间

最近读了一本书……

（3）智能手机不能只用来看，还要用来输出

如果还是觉得"没有时间输出"的话，我建议您缩短输入时间。

假设您现在"每月读三本书，但只能输出一本书"。因为工作太忙，想再多输出也没有时间了。这样的状况，我建议您每月只读一本书就够了，然后认认真真地将这本书输出就行了。

"什么？让我减少输入的量？"可能很多朋友感到不可思议。因为以输入为学习中心的人，很害怕减少输入的量。但是，不管输入再多，如果不进行有效输出的话，输入的内容也会很快遗忘。**说得严重一点，没有输出的输入，是无效输入**。

"每月读三本书，但输出为零"与"每月读一本书，输出一本书"，相比之下肯定是后者对自我成长的贡献更大。而且，后者所用时间还比较少。

假设读一本书耗时两小时，那么少读一本书，就可以为我们省出两小时的时间。用这两小时对前面读的一本书进行有效输出也足够了。

另外，读书的时候，我们应该告诉自己，**读书不是为了增加输入量，而主要是为了增加输出量**。所以，读完一本书后，就应该马上以某种形式将书中的内容输出出来。

所以，我建议您把目标定为**"每月读三本书，并输出三本书"**。也许有人认为每月读三本书有点少，但经过我的调查，对工作繁忙的商务人士来说，每月能读完三本书的人还不到 20%。所以，"每月读三本书，输出三本书"的目标并不低。

如果能够长期坚持"每月读三本书，输出三本书"的学习量，那么坚持一段时间后，您的输出量还是相当可观的。输出能力也会获得长足进步。如果能坚持一年时间的话，我保证您的能力能在同行中进入前 20% 的水平。

增加输出时间的方法

烦恼：没有时间输出啊！

读三本，输出零本

首先

读一本，输出一本

制订下一步目标

读三本，输出三本

为确保输出时间，减少输入时间

符合"脑科学"规律的一日时间安排

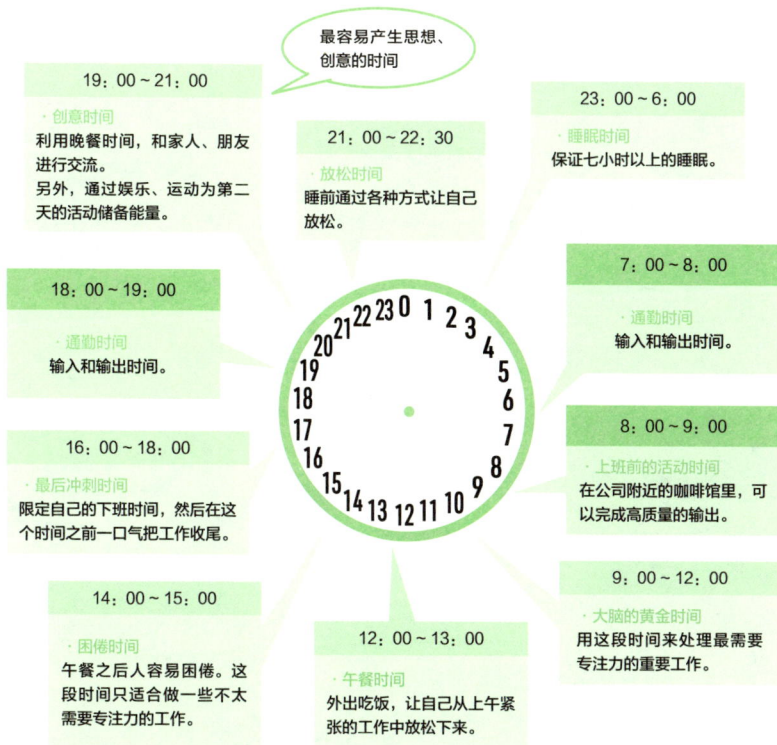

最容易产生思想、创意的时间

19：00 ~ 21：00

·创意时间

利用晚餐时间，和家人、朋友进行交流。
另外，通过娱乐、运动为第二天的活动储备能量。

21：00 ~ 22：30

·放松时间

睡前通过各种方式让自己放松。

23：00 ~ 6：00

·睡眠时间

保证七小时以上的睡眠。

18：00 ~ 19：00

·通勤时间

输入和输出时间。

7：00 ~ 8：00

·通勤时间

输入和输出时间。

16：00 ~ 18：00

·最后冲刺时间

限定自己的下班时间，然后在这个时间之前一口气把工作收尾。

8：00 ~ 9：00

·上班前的活动时间

在公司附近的咖啡馆里，可以完成高质量的输出。

14：00 ~ 15：00

·困倦时间

午餐之后人容易困倦。这段时间只适合做一些不太需要专注力的工作。

12：00 ~ 13：00

·午餐时间

外出吃饭，让自己从上午紧张的工作中放松下来。

9：00 ~ 12：00

·大脑的黄金时间

用这段时间来处理最需要专注力的重要工作。

根据《为什么精英都是时间控》制作

要点（POINT）

- 一天中最适合商务人士的输出时间，是上下班的通勤时间，和上班前喝咖啡的时间。
- 每天按照同样的节奏做同样的事情，规律的生活有助于提高大脑的机能。
- 周末如果还按工作日的规律生活，将会给大脑带来额外的负担。所以，周末最好做一些平时不会做的事情，激发大脑的活力。

"间歇时间" × "智能手机"
= 日常的最佳输出形式。

THE POWER OF
OUTPUT

第五章
CHAPTER 5

提高沟通输出能力的七种训练方法
TRAINING

其一 写日记
Keep a Dairy

最简单、最好的输出训练方法

到目前为止，给大家介绍了有关输出的详细知识。

但是，该怎样提高自己的输出能力呢？恐怕很多朋友还是摸不着头脑。所以，在本书的最后一章，我就给大家讲解日常生活中可以锻炼自己输出能力的七种方法。这些方法简单易行，而且效果显著。

很多朋友即使有心"输出点什么""想写篇文章"，但多数情况下都会遇到"不知写点什么""找不到合适的题材"之类的问题。

对于这样的输出初学者，我推荐的输出训练方法是"写日记"。即使是"不知写点什么"的朋友，回顾一天发生的事情，肯定还是有内容可写的。

写日记有五个好处。

（1）提高输出、写作能力

首先，通过每天写日记，可以养成每天输出的好习惯，还能提高写作能力。一开始，写一篇日记可能要花不少时间，但坚持一段时间之后，您就会发现自己的写作速度得到了飞跃式的提高。所以，每天写日记，对于输出能力、写作能力的提高大有裨益。

（2）提高自我洞察力、内省能力和韧性

回顾一天自己身上、身边发生的事情，并把它们写下来，是一个观察自己、反思自己的过程。所以，写日记可以锻炼自我洞察能力和内省能力。这两个能力提高后，人就能更加客观地看待自己，更准确地把握自己性格、思维方式中的优缺点。

另外，坚持写日记还能提高人的"韧性"，这里所说的韧性是指抗压能力，即承受精神压力的能力。韧性也叫"内心的柔韧性"，韧性好的人，在精神压力较大的环境中，也能应对自如，把压力变成动力。从另一个角度说，这样的人不容易患上精神疾患。

在精神医学领域，还专门有一个"日记疗法"，而且实践已经证明，这种方法非常有效。由此可见，写日记是个非常好的习惯。

（3）提高发现"快乐"的能力

写日记的基本原则是写那些积极的事情、快乐的事情。每天回顾当天发生的好事情，是对积极思维方式的最好训练。所以写日记能够**提高我们在日常生活中发现"快乐"的能力**。

在"坚持不懈"（P176）那一小节中，我曾说过，为了更好地坚持，学会发现"快乐"非常重要。而发现"快乐"最好的方法就是写日记。

所谓提高发现"快乐"的能力，实际上就是多巴胺分泌机能变得更强了。结果，在学习、工作中持之以恒的动力提高了，专注力、记忆力

"写日记"竟然有这么多好处！

输出能力提高

今天发生了哪些开心事呢？

自我洞察能力、抗压能力提高

缓解压力

发现"快乐"的能力提高

幸福指数提高

提高了，自我成长的速度自然就加快了。

（4）缓解压力

把今天发生的事情写出来，这是一种"表达"，可以把内心淤积的不良情绪释放出来。换句话说，就是获得了"**减压效果**"。我们知道，找人倾诉是缓解压力的好方法，但即使没人可以倾诉，我们通过把心事写在日记本上，同样可以获得减压效果。很多心理学实验已经证明这个理论。

（5）提升幸福指数

美国杨百翰大学（Brigham Young University）的心理学家曾经做过一项实验，他们将 100 人分成两组，告诉他们连续写四周日记。研究人员告诉第一组受验者在日记里只记录每天发生的积极、有趣的事情。第二组则只说记录每天发生的事情，不做其他要求。结果，第一组受验者与第二组受验者相比，无论幸福指数还是对生活的满意度都要高一些。

另外，研究人员还让受验者把自己日记中积极向上、有趣的事情讲给亲朋好友听。这样一来，受验者的幸福指数和对生活的满意度又提高了 2~3 倍。

在日记里记录快乐的事情，就可以提高人的幸福感。而把快乐的事分享给亲朋好友，则可以进一步提高幸福感。**每天花 10 分钟写日记，就能让人生变得幸福快乐**，我们还有什么理由不写日记呢？

单纯地看，写日记只是一种输出形式，但它不仅可以提高我们的写作能力（这对商务工作也大有裨益），还能帮我们缓解压力，增强幸福感，真可谓好处多多。那些每天都不开心，甚至觉得人生没有意思的朋友，我极力推荐你们写日记。

我每天在网络杂志上发表文章，已经坚持 13 年了。就相当于我连续写了 13 年日记。我能坚持下来的动力是因为网络杂志是公开的，有数万读者看我的文章，给我点赞、回复。读者就是我的动力。但日记是保密的，只给自己看，所以连续坚持 13 年就不那么容易了，需要强大的内在动力。

如果大家想看我的日记，请关注我的网络杂志。

神经科医生·桦泽紫苑　个人网络杂志

关注请扫码→

http://Kabasawa.biz/b/maga.html

写日记的具体方法：

最初，先从"5分钟"写"三行"开始。

通过前面的学习，相信您已经了解了写日记的多种好处。那么，日记到底该怎么写呢？对没写过日记的朋友来说，一开始可能还真有点摸不着头脑。下面我就给您讲一讲。

（1）快乐日记

写日记，我推荐大家写"快乐日记"。

所谓"快乐日记"，就是把当天**令您感到快乐、开心、具有正能量的事情记录下来。一开始写三件就够了**。当您还不太习惯写日记的时候，可以只用一句话概括一件快乐的事，一天写三句话，也就是三条就可以了。当坚持写一段时间，写作能力有所提高后，每一件事又可以展开多写几句。"一句话"→"几句话"→"短文"→"长文"，像这样，逐渐增加写作的篇幅。

（2）先不追求质和量，"每天写"最重要

对写日记新手来说，一上来就写很长的篇幅，那绝对坚持不了多久。"写很长"（量）、"写很好"（质）都不是新手应该追求的目标，相比之下，**"每天坚持写"才是最重要的**。

一开始写三行也不算少，只要每天都能写。长期坚持下来，您的写作水平自然就会提高了，到时候不费劲也能写出精彩的长文章，而且质量越来越高。

（3）在规定时间内写完

每天晚上写日记时，不要拖拖拉拉写很久，我建议您先给自己规定一个时间，然后在这个时间里写完日记。一开始，5分钟、10分钟都行。要写三条、三句话的话，那5分钟就够。如果每一条再发挥几句，10分钟也差不多。

（4）把"消极"变成"积极"

也许有的时候，我们身边一天不会发生三件快乐的事情。也有的朋友想通过写日记把"郁闷""痛苦""悲伤"的事情写下来，以达到释放情绪、缓解压力的作用。遇到上述两种情况的时候，我推荐**把"消极"变成"积极"**的写法。

请看下列例子：

> （消极的例子）
> "今天，我被上司骂了。因为我提交文件超出了时限，晚了一小时。就晚一小时，他至于那么生气吗？要是早上他提醒我一声，我也不至于彻底把这事忘了呀。等过了时限，他才来骂我，这是故意跟我过不去吗？真是够阴险的。"
>
> （积极的例子）
> "今天，我被上司骂了。因为我提交文件超出了时限，晚了一小时。我反思了一下，因为我没把提交文件的时限记在笔记本上，所以搞忘了。今后，对于有时限的工作，我一定要把截止时间准确记在笔记本上！这样的错误，以后绝对不能再犯第二次！"

通过上述练习，把消极的事情用积极的形式表达出来，也就把坏事变成了好事。这样的练习不仅可以提高我们的自我洞察力、内省能力和韧性，还能让我们的思维方式越来越积极。思维方式变积极了，身边的各种事情都会朝着积极的方向发展。

（5）从非公开到公开

刚开始写日记的时候，可以在笔记本、日记本上手写，也可以用电脑打字。

当坚持写了一段时间，写作水平、技巧比较成熟的时候，可以考虑**将自己的日记、感想公开发表**在社交媒体上。公开发表，就会让别人看到。当我们意识到"别人会看到"的时候，就不可能写出"烂文章"。这是一种压力也是一种动力——"我要写出更精彩的文章才行"。有这样的心情，我们就会更加积极地磨炼写作水平，主动学习更多的知识。

现在的我，会把每天自己身上、身边发生的快乐的事、积极的事、刺激的事、感动的事，以及读的书、看的电影的感想，统统发表在自己的网络杂志上。

顺便介绍一下，"神经科医生·桦泽紫苑的个人网络杂志"，到目前为止读者已有六万人。因为读者的反应、反响很大，所以我把自己的感想、体验分享出来之后，会从读者那得到极大的满足感。与一个人偷偷写日记相比，我的动力要高六万倍！

养成写"快乐日记"的习惯，
让人生变得更加幸福快乐。

其二　记录健康状况
Record Health

每天记录"体重""心情""睡眠时间"

即使知道"写日记"的种种好处，但有朋友依然抱怨："没有时间写啊"或者"坚持不了多久啊"。我为这样的朋友准备了更简单的输出训练法——"每天只需一分钟"。

那便是"**每天记录自己的健康状况**"。这也是我每天坚持的一个习惯，每天早晨会在笔记本上记录自己的"体重""心情"和昨晚的"睡眠时间"。

（1）记录体重

每天早上起床之后，我会先冲个淋浴。淋浴之前我会先测一下体重，然后将其记录下来。

每天早上了解一下自己的体重，如果体重比昨天增加了，我会告诫自己："今天要控制一下饮食。"如果体重减轻了，我会给自己鼓励："看来昨天的运动有效果了，今天还得去健身房！"如果您想减肥或正在减肥的话，每天记录体重是一项必不可少的工作。

（2）记录心情

每天早上一睁眼，我就会对自己的心情打一个分，分数从 -5~+5，分为 11 个等级。心情一般的话，我就记为 0；心情大好的话，就是 +5；心情十分低落自然就是 -5 了。

另外，我还会分析心情好或不好的原因，对昨天的活动进行反思，然后把原因写下来。

一开始，用数值的形式把自己的健康状况表示出来，可能并不那么容易，或者说没那么准确，但只要坚持记录下去，我们就可以逐渐准确把握自己的健康状况和心情。

实际上，大部分人早上起床的时候，都不太清楚自己的心情和身体状况到底是好还是不好。有些朋友明明有点感冒迹象，却还勉强自己白天拼命地工作，结果感冒加重，最终不得不请假休息，拖垮身体还耽误工作，得不偿失。有的时候明显精神压力很大，却还坚持工作，最终拖成抑郁症的人也不在少数。

顺便说一下我自己，20 年来，我从没有因为感冒加重而请假休息过。因为我就不会让小感冒发展到重感冒的程度。这都得益于我对自己健康状况的把握，及时想出对策，把小病控制在萌芽状态。

（3）记录睡眠时间

睡眠，对人来说是非常重要的，人的一生有三分之一的时间是在睡眠中度过的。如果一天的睡眠时间不足六小时，那么白天的专注力就会大幅下降，工作效率降低，而且还会增加患上各种疾病的风险。所以，作为一个上班族，我们**每天必须保证七小时以上的睡眠时间**。为了管理好自己的睡眠时间，**每天记录睡眠时间**是个好办法。

如果把"睡眠时间"和"当天的心情"进行对比您就会发现，睡眠时间越少，早晨起床时的心情就越差。

作为健康管理的重要一环，记录上述三个项目最多也只需一分钟时间。每天记录，可以让我们**准确把握自己的健康状况**，遇到状态不好的日子，可以及时采取对策，有效防止疾病的发生或加重。

关于健康状况的记录

体重	当天的心情	睡眠时间
78.6kg	-2	0：00～7：30

昨晚喝多了

心情好与不好的原因（反馈）

养成"早晨起床记录身体状况"的好习惯

提高输出能力的同时，
还能提高我们的健康意识。

其三　写读后感
Write a Book Review

读过一本书后，一定要写读后感

想学到更多的商务工作技巧，想在工作能力方面取得更大进步，有这样想法的朋友，我第一推荐的输出训练方法就是——"写读后感"。

我写这本书的目的是想把所有输出方法以系统的形式呈现出来。最近"输出"这个词在社会上使用的频率越来越高，但几年前，关于输出的书籍在书店里几乎是找不到的。

举例来说，书店里教人读书方法的书可谓数不胜数。但大多讲的都是"速读""多读"。几乎没有作者和读者意识到速读、多读都只是输入，但对读书来说，最重要的在于输出。

第一个在日本介绍读书中输出的重要性的书就是我写的《过目不忘的读书法》。

很多人喜欢读书，而且读了很多书，可令他们苦恼的是，读过的书用不了多久其中的内容在大脑中就变得模糊不清了。这就是只读不输出造成的。输入但不输出的话，输入的内容就难以形成长期记忆留在大脑中。所以，读完一本书一定要输出，通过输出可以加深记忆，加速自我成长。

读书的好处

（1）可以获得前人总结的知识精华；

（2）可以获得时间；

（3）可以提高工作能力；

（4）使人变得更健康；

（5）使人大脑变得更聪明；

（6）人生发生积极的变化；

（7）实现飞跃式的自我成长；

（8）收获快乐。

在《过目不忘的读书法》面市之前，介绍输出在读书、学习中的重要性的书几乎没有，所以那本书一经上市就大受欢迎。结果总共销售了15万册，成为畅销书。

所谓"过目不忘的读书法"，让我用一句话概括的话，就是"读完一本书就写读后感。写了读后感，这本书的内容就会牢固地印在大脑中。掌握到书中的知识，人就可以获得自我成长"。

《过目不忘的读书法》上市以来，在 Facebook 和博客上写读后感的人越来越多了。现在我每天一定要花时间在网上看别人写的读后感或书评。

另外，在亚马逊图书商城的书籍评论中，投稿的人也越来越多了。写过读后感或书评的人肯定都有感触，写了读后感之后，这本书的内容就再也不会忘记了。

为了永远记住看过的书、为了掌握书中的知识、为了实现自我成长，读过一本书之后，一定要写读后感。

写读后感的好处

（1）对书中内容记忆深刻；
（2）对书中内容理解更深；
（3）对书中内容，在大脑中加以整理；
（4）提高写作能力；
（5）提高思考能力；
（6）提升自我洞察能力；
（7）实现飞跃式自我成长。

参考：《过目不忘的读书法》

写读后感，可以帮我们牢牢记住这本书的内容。但对那些从没写过读后感的朋友来说，读完一本书后，要怎样写读后感还是摸不着头脑，有时真是一个字也写不出来。

接下来我就为您介绍一种简单的读后感写作流程，即使是从没写过读后感的人，掌握这个流程之后也能**在 10 分钟之内写好一篇漂亮的读后感**。只要按照下面的流程写，您就不会迷茫，在短时间内一定能写出一篇主旨明确、浅显易懂的读后感。

写读后感的标准流程

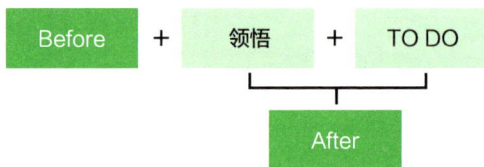

Before ＋ 领悟 ＋ TO DO

After

从上面这个流程大家也能看出来，我写读后感的结构非常简单。

"Before" + "领悟" + "TO DO"，仅此而已。再简单一点概括就是"Before" + "After"。

读后感的前半部分，写读这本书之前自己的状态。比如怀有怎样的烦恼、问题等。后半部分主要写读了这本书之后自己的变化。比如通过这本书，自己领悟到该怎样解决以前的问题。

"After"可以分解为"领悟"和"TO DO"。通过学习想获得自我成长，"领悟"和"TO DO"两个环节不可或缺。

只要明确了"领悟"和"TO DO"，接下来只要去实践，就可以获得自我成长。写读后感可以促进自我成长，就是因为其中包含"领悟"和"TO DO"两个部分。

基本型

Before	读这本书之前自己的状态。
领悟	在读这本书的过程中，我领悟到了什么道理。
TO DO	今后，我该怎么做。

对新手来说，一开始就写很长的读后感可能比较困难。首先写三行就够了。"Before""领悟""TO DO"三点各写一行就可以。

三行结构

Before	以前，我是一个特别容易紧张的人。
领悟	适度紧张原来可以提高专注力和能力。
TO DO	首先通过深呼吸来放松紧张的情绪。

《适度紧张可以让我们的能力提高一倍》的读后感

接下来，再给每一条添枝加叶。

添枝加叶

Before	以前，我是一个特别容易紧张的人。紧张让我错过了很多好机会。所以我经常自责，自己怎么这么不争气！甚至陷入了自我厌恶的深渊。怎样才能让我战胜紧张呢？
领悟	在《适度紧张可以让我们的能力提高一倍》这本书里，我学到"当人适度紧张的时候，脑内会分泌去甲肾上腺素，这种物质有助于提高我们的专注力和能力"。当如此容易紧张的我看到这一段的时候，感到无比开心。 这对我来说简直是一个天大的"喜讯"。原来"容易紧张"竟然也是取得成功的一个要素。以前我还因为"容易紧张"而责备自己，现在想想简直太傻了。
TO DO	这本书中还介绍了"深呼吸""调整姿势""微笑"等多个缓解紧张情绪的方法。 我觉得自己应该先从比较简单的"深呼吸法"开始练习，将过度紧张控制在适度紧张的范围内。相信到那时，我就再也不会害怕紧张了，而且还会把紧张当作自己的朋友，和它并肩战斗。

按照上面这个格式写的读后感，大约 350 个字。

仅仅是对之前列出的基本提纲稍微添加笔墨，就成了一篇完整而清晰的读后感，而且 10 分钟之内就能完成。

一开始，没有必要写多么深刻、长篇的读后感。只要按照前面介绍的流程写，就能帮我们在大脑中把书中的内容整理一遍，让记忆更加深刻，从而更有助于自我成长。这样，写读后感的目的也就达到了。

另外的案例

Before	以前，我很少运动。
领悟	每周进行两小时有氧运动，可以提高大脑活力。
TO DO	去健身房报名，马上开始有氧运动。

《为什么精英都是时间控》（桦泽紫苑著）的读后感

添枝加叶

Before	以前，我很少运动。白天工作忙，晚上回家还要陪家人，根本没有多余的时间。所以即使想运动，也没办法。
领悟	但是，最近我读了一本书——《为什么精英都是时间控》，书里说："每周进行两小时有氧运动，可以提高大脑活力。"另外，坚持有氧运动，还能把老年痴呆症的患病率降低三分之二。 最近，我特别健忘，不是忘这就是忘那，没准和运动不足也有一定的关系。
TO DO	每周只进行两小时的有氧运动就有效果，我想每周挤出两小时用来运动还是可以办到的。那我马上就去健身房报个名，以后保证每周去运动两次，每次一小时。

通过写读后感，
让读过的书都深深印在大脑里。

其四　在网上发表文章
Offer Information

在网上发表文章，好处总比坏处多

一听说"要在网上发表文章"，很多人表示不敢尝试。因为他们担心把自己的文章发表到网上的话，"会遭到诽谤中伤"或"收到负面的评论"。我，作为一个有着 20 年在网上发表文章经验的"老写手"，可以诚实地告诉您，遭到诽谤中伤、收到负面评论的情况确实遇到过，但不那么常见。与这些不愉快的体验相比，在网上发表文章获得的快乐是不快的 20 倍之多！

也就是说，在网上发表文章，**好处与坏处的比例是 20 ∶ 1**。好处这么多，还有人不想做，那我就不能理解了。估计他们只是还没有体验到其中的好处。

根据我 20 年在网上发表文章的经验，这样做至少可以获得七大好处。

（1）反馈效果好

一个运动员能否取得成功，一方面取决于他的身体素质和训练的勤奋程度，但这都不是决定因素。决定因素取决于教练的水平。一个运动员，不管他的身体素质多好、训练多么勤奋，但如果无法在训练的过程中获得正确的反馈（纠正错误动作等），他也难以取得长足的进步。

写文章也是同样的道理，即使写了成千上万篇文章，但如果都没有给人看过的话，自己也得不到反馈，也就无法提高。而把文章发表在网上，就是**获得反馈**的好方法。

另外，发表在网上的文章，是否受欢迎，只要看浏览数量、点赞数量和评论数量就可以一目了然。而且，在网友的评论中可以听到批评的声音，那样我们就可以了解自己文章的缺点、思想的漏洞，这是改正自己、提高自己的大好机会。

（2）提高写作水平，锻炼输出水平

获得准确的反馈，根据反馈改正自己文章中的缺点，长期坚持，您的写作水平将收获长足进步。通过在网上发表文章，人的**输出能力一定**

能不断增强，这一点确定无疑。而且，为了写文章发表在网上，我们要做很多功课、读很多书，这也无形中增加了我们的输入量。结果，输入、输出、反馈的循环飞速运转，就实现了飞跃式的自我成长。

（3）激发适度的紧张感

在网上发表文章的时候，很多朋友会担心："遭到批评怎么办？""被诽谤中伤怎么办？""引发网络论战怎么办？"这20年来，我发表的文章累积被40万的网友浏览过，引发过论战的情况只发生过一次。其实要想引发网络论战，并没那么容易，所以不用太过担心。

在网上发表文章，我们要对自己的文章负责任，所以应该尽量避免错误、引起误解的表达方式。因此，**肯定会伴有一定的紧张感**。但正是这适度的紧张感，可以帮我们提高专注力，认真写好自己的文章。这也是提高写作水平的大好机会。

（4）可以收获更多的信息和朋友

在网上发表文章，除了可以提高自己的输出能力、质量、数量，还能提高输入的质和量。除了为了写好文章而进行的输入，网友的评论也是一种信息的输入。善意的网友在评论中，会给我们发来各种各样有用的信息。其中有自己不知道的信息、想知道的信息，比如"另外一本书中这样说……""还有学者提出了与您不同的观点……"

在网上发表文章，让我们的知识体系在横向上变得更快、在纵向上变得更深。而且，还能修正"错误""误解"。如果写成书，那么印刷出版之后，其中的错误就很难修改了。但如果在成书之前，先把文章发表在网上，就可以得到网友的批评指正，经过改正再出版成书，那就可以最大限度地降低出错率。

另外，在网上发表文章，可以让各种各样的人聚集到自己身边。不但能和网友交朋友，还会被邀请参加很多线下活动，从而**在现实中交到更多朋友**。

（5）提高自己在公司中的评价

也有朋友说："我只是一个上班族，在网上发表文章，即使受到好评，对现实也没有什么帮助。"我认为这种想法大错特错。我主办了一个学习机构"桦泽塾"，来上课的学生大多都是上班族，他们在我的号召下都开始写博客。结果很多学生告诉我，自从写了博客之后，公司上司、同事对他的评价也提高了。

因为在博客上发表文章之后，上司、同事也能看到我们的思想、观点。只要自己不断努力学习提高，上司、同事在看了我们的文章之后，自然会发自内心地评价："他真是一个爱学习的人""他读了不少书嘛""他文章写得很漂亮嘛""他对 ×× 领域堪称专业啊"……

当大家知道您的才能之后，说不定还会邀请您给大家上课，比如"关于 ×× 问题，公司要举办一个内部学习会，你来当讲师好不好？"。也可能因为您在网上展现了自己的才能被同事看到了，结果推举您当团队的领导，委以重要工作。这样的案例，在桦泽塾中我见到过很多。

不管您读了多少本书、多么努力地学习，只要没有输出的话，别人就不会知道您的努力和能力。

所以，在网上发表文章，可以**让您背后的"努力""勤奋"被看到、被认可**，结果在公司里受到重视，获得提拔，遇到更多更好的机会。

（6）获得采访、演出、工作等好机会

您在网上发表的文章，如果真的十分精彩，获得相当的关注度后，**报纸、杂志、网站就可能来采访您**。说不定还会有**电台、电视台邀请您去当嘉宾**呢。到那时，**出版社邀请您出书、大公司给您工作机会**，都是大概率事件。

如今，媒体人也会从网络上搜索热点新闻，如果您的文章在搜索引擎中排名靠前的话，一定会被嗅觉灵敏的媒体人发现。到时，各种机会就会纷纷向您涌来。当然，**收入也会随之增加**。

（7）收获快乐

我每天在网上发表文章，最大的动力是因为这让我很快乐。每天，都有数万网友看到我的文章，还能收到他们热情洋溢的回复、评价甚至感谢信。这让我真切感受到，自己的知识和经验对那么多人有用。这就

满足了我的"承认欲求"和"自我实现欲求"。**精神上获得了无可比拟的幸福感和满足感。**

另外，把有用的知识、经验、信息公开发布到网上，对社会也是一种贡献。想一想，我每天发表的文章，能够推动社会的进步，哪怕只有一点点，也是一件崇高的事情。这让我感到快乐无比。

在网上发表文章，有如此多的好处，而相比之下，坏处根本不算什么。所以，请大家放心大胆地在网上发表积极、有用、充满正能量的信息。

在网上发表文章的好处

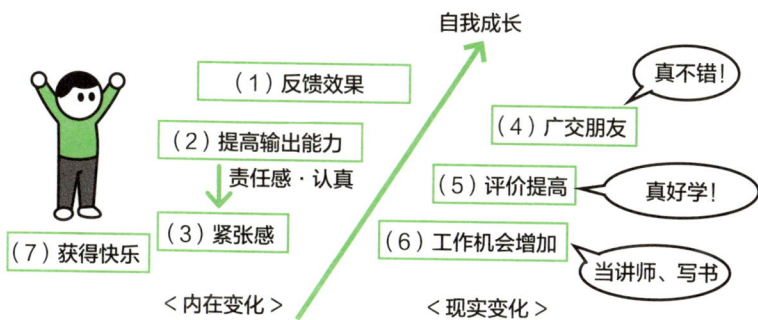

自我成长

（1）反馈效果

（2）提高输出能力
责任感·认真

（7）获得快乐　　（3）紧张感

＜内在变化＞

真不错！

（4）广交朋友

（5）评价提高　　真好学！

（6）工作机会增加
当讲师、写书

＜现实变化＞

在网上发表文章，
好处远比风险多。

其五　在社交媒体发表信息
Post on Social Media
在网上发表见解的第一步，是在朋友圈里发文章

在网上发表见解的第一步，是在社交媒体上发信息。严格来说，社交媒体并不是一个发表见解的场所，而是**和朋友、熟人"交流"的地方**。

"在网上发表文章"，是"面向不特定多数网友"发送信息。而社交媒体则不然，说到底只是在"熟人、朋友圈子里"发送信息。

在博客里发表文章，就是面向不特定多数网友发送信息，要想吸引读者，文章的水平必须相当高才行。所以这种方式对新手来说难度比较大。但新手可以从 Facebook、Twitter、微信等社交媒体开始，先在朋友圈里发表自己对某个电影的看法、读某本书的感想、日常生活中的趣闻趣事等。

但在社交媒体中发表信息，也有一些注意事项。

（1）把握好个人信息的公开度

比如，在 Facebook 的个人信息中，有填写生日、居住地的栏目，但都是自愿填写的，不填也没关系。想填就填，不想填就跳过。所以，只要自己不写，就不会泄露任何个人信息。

在社交媒体中，个人信息到底应该公开到什么程度？哪些可以公开，哪些需要保密？说到底，这个问题的掌握权在自己手中。如果缺乏这方面的安全意识，很可能造成个人信息的泄露。

拿我来说，我在社交媒体中就从不公开自己的家庭住址。

（2）在社交媒体中发表的文章，也可能被不特定多数的人看到

我们在 Facebook、Twitter、微信等社交媒体中发表的信息，基本上都只有自己的"粉丝"可以看到，而这些粉丝大多是我们认识的人、朋友。但是这些粉丝通过反复分享、转发我们的文章，也可能让数万、数十万的陌生网友看到。我们的大脑中一定要时刻意识到这一点，所以发表的内容要把握好。

如果以为"反正只有自己的朋友能看到"，就发表一些违反法律、

道德伦理的文字、图片等，也可能经过转发后被很多人看到，结果引起社会问题，自己也会被追究责任。这样的例子不胜枚举，大家一定要注意。

"反正只有自己的朋友能看到，我什么都可以发"这样的想法是不正确的。我们在社交媒体发表见解、文章的时候，也要做到**被任何人看到，都不会引发问题、纠纷**才行。

（3）有没有必要实名、公开自己的照片？

在网上发布信息的时候，有没有必要公开自己的真实姓名和照片？

也有一些博主使用笔名，从未公开自己的照片，同样取得了巨大的成功，获得大量粉丝的关注。可一旦成功之后，他们的真实姓名、照片，也会慢慢**公之于世**。因为出名之后，他们就会受邀参加各种活动，甚至上电视。我认为，要想在网上做出一番成就，最好一开始就以真实面目示人。

一直隐姓埋名地在网上发布消息、发表文章，虽然也在输出，也会引发自己内在的改变，但在现实中却难以获得回报。比如，隐姓埋名的话，"公司上司、同事对自己的评价不会提高""不能广交朋友""不会收到演讲、演出的邀请"等。

隐姓埋名地在网上发布信息，就像在虚拟的世界中玩一场游戏，对现实世界中的自己不会带来什么好处。

因为在现实世界中得不到好处，所以很多隐姓埋名的人最后也停止了这场虚拟的游戏。所以，我一直认为，用自己的真实面目（真实姓名、真实形象）在网上活动，才能享受到更多的好处。

对"露脸"没有自信的朋友，可以在头像中发一张自己的侧面照，或者找一个自己最满意的角度拍照。总之，要把自己最帅、最漂亮的一面展现出来。反正任何网站的头像都没有要求我们使用证件照。

（4）享受交流的快乐

个人社交媒体的最大妙处，我认为是"交流"。我们在社交媒体发表一篇文章或一个观点，能看到的朋友可以点赞、可以留言、可以回复，也可以转发。每天看朋友们的留言、回复是我一天之中最大的乐趣。我还可以回复他们的留言，这个交流的过程让我很享受。而如此快乐的体验也是让我坚持下去的重要原因。所以，养成输出的习惯对我来说并不是难事。

（5）每天发表

在社交媒体发表文章、观点，应该每天坚持。因为社交媒体有"交流"的作用，所以每天发文章、观点，就好像和圈子里的朋友打声招呼一样，哪天不打招呼，就感觉不太礼貌。

如果每周才发表一篇文章或观点，很容易被埋没在汹涌的信息流中而被朋友错过。因此时间长了我们就会被朋友淡忘，想建立亲密的关系也是不太可能的。

实际上，社交媒体的使用方法还是很复杂的。2012年我出版了一本《社交媒体写作大法》，我在书中总结了"社交媒体的七大原则"。那本书非常受读者欢迎，还被称为"社交媒体使用方法的教科书"。虽然那本书出版已有六七年时间，但即使现在看来，书中的观点也不过时。那"七大原则"到现在依然适用，因为它们是社交媒体的普遍原则。

社交媒体的七大原则
【原则】1　社交媒体是一个"社会"
【原则】2　社交媒体是"透明的"
【原则】3　社交媒体用户的目的是"收集信息"和"交流"
【原则】4　社交媒体是最棒的营销工具
【原则】5　社交媒体中最重要的感情叫作"共感"
【原则】6　社交媒体的"扩散力"很强
【原则】7　在社交媒体发表文章的目的是赢得"信任"

参考：《社交媒体写作大法》）

享受轻松交流的同时，
学习在社交媒体中生存的独特技能。

其六　写博客
Write a Blog

成为"人气博主"的三个秘诀

有不少朋友想在网上发表文章，我首先推荐这些朋友写博客。社交媒体的进入门槛也比较低，但毕竟面对的只是熟人、朋友，所以传播广度远不及博客。另外，网络杂志或 YouTube 也可以发布信息，但门槛比较高，也不容易长期坚持。

对博客来说，**只要会写文章的人，都可以发博客，门槛比较低**。如果您写的文章很精彩，吸引了成百万、上千万的关注和粉丝的话，那恭喜您，您就成了"人气博主"。到那时，您**甚至可以把写博客当作一个职业**。总而言之，博客的进入门槛低，却有无限的可能性。

前面介绍过"在网上发文章的好处"，博客除了那些好处，还有两个独特的好处。第一，**"转发容易"**。我曾经做过一个实验，我把同一篇文章分别发表在了 Facebook 和博客上。结果，那篇文章在博客中的转发数量是 Facebook 的五倍以上。

即使是一个新开的博客，只要博文内容写得精彩，一样能引发连锁转发，使得一篇文章获得数百万甚至更高的浏览量。可见，博客的传播功能相当强大。如果我们发表文章的目的是"让更多人看到"，那博客绝对是不二之选。

博客的第二个好处是，它带有浏览数据统计功能，可以对**"读者浏览情况进行详细分析"**。打开博客就可以看到访问量的实时统计。我们也可以看到哪篇博文的浏览量高、评论数量多。分析这些数据，是对博文的一个极其宝贵的反馈。

每天看着自己博客的访问量不断攀升，人就会由衷产生继续写下去的动力。"有那么多人看我的文章，说明我写得还不错嘛"，这又让我们获得了空前的自信、成就感和十足的快乐。

【让博客受欢迎的三个秘诀】

很多朋友一开始写博客，只是出于好玩的心态，但渐渐地发现居然有不少人喜欢自己写的文章，便会开始萌生更大的理想——"我也想成为人气博主""将来要是能靠写博文赚钱就好了"。而我正好有**三个可以让博客大受欢迎的秘诀**，现在就传授给各位。

（1）要建立自己的独立博客

很多准备开始写博客的朋友，都会有这样一个疑问："是自己创建一个独立博客好呢？还是在某个知名博客网站注册一个账号好呢？"如果您不是知名艺人的话，我建议您直接创建自己的独立博客。

因为在博客网站注册的账号有很多限制和缺点。首先，搜索引擎无法搜索到其中的文章；其次，不能在博客中自己发布广告；第三，禁止用于商业目的。如果您"希望将来靠博客赚钱"的话，**一定要构建自己的博客**，可以借助 WordPress 等软件的帮助。

（2）每天更新

既然开通了博客，并想让更多人喜欢自己的文章，那每天更博是一个基本要求。要成为人气博客，博客中必须积累一定数量的文章。假如每周发表一篇文章，那博客的文章总数增长太慢，根据我的经验，想成为人气博客非常困难。所以，我建议大家**每天发表一篇文章**。这样的锻炼既能提高我们的写作能力，也能吸引来更多的读者。

（3）100-300-1000 法则

至今为止 20 年来，我运营过各种各样的网络媒体，根据这 20 年的经验，我总结出一个增加关注量的法则——**"100-300-1000 法则"**。

对一个博客来说，其中的文章数量分别达到 100 篇、300 篇、1000 篇时，会实现一个质的飞跃，迈上一个更高的台阶。首先，当文章数量超过 100 篇的时候，每天就会有一定数量的人来浏览我们的博客。当文章数量超过 300 篇的时候，我们的博客就可以在搜索引擎的前几页中被搜到。因此，经由搜索引擎获得的浏览量开始增加。而当文章数量突破 1000 篇的时候，我们的博客在搜索引擎第一页中被搜到的概率大大提高。到那时，每月获得数万乃至十万以上的浏览量已经是非常轻松的事情了。

根据 Google 搜索引擎的搜索算法来看，拥有优质文章 1000 篇以上的博客，更容易被认定为"优质博客""人气博客"，结果被搜索到的概率就会大大增加。

既然开始写博客了，那至少要坚持发表 100 篇文章再说，低于这个数字是不可能有太多关注量的。要想一下蹿红，至少要坚持三年以上，一天发表一篇，三年差不多才 1000 篇。

三年坚持写博客，看似漫长又枯燥，但如果您能乐在其中，把写博客当作自己的一大爱好，那三年一转眼就过去了。

博客的"100-300-1000 法则"

100 篇文章	拥有一定数量的固定粉丝，每天的访问量缓慢增加。
300 篇文章	经由搜索引擎获得的访问量开始增加。
1000 篇文章	被搜索引擎认定为"优质博客""人气博客"，每月访问量达到数万乃至十万以上。

现在有不少人"想通过写博客赚钱，靠写博客创业"。

在一般人眼中，可能认为这是天方夜谭，"什么？在网上发发文章就能养活自己？开玩笑吧！"。但我身边的很多朋友，包括我自己，在网上发表文章就可以赚到钱。

只要用正确的方法写出高质量的内容，并在一定期间保持持续发表作品，总有一天您的博客会一下子爆红。现实中的网红博客，大多也都经历过这个过程。

　　"金钱"作为一种通货，在资本主义社会，形成了"资本家"与"劳动者"之间的差异。而现如今已经是"信息化社会"，"信息"作为一种通货，把人分成了"信息发送者"和"信息接收者"。接收信息，是需要花钱的，而发送信息，是可以赚钱的。您想成为"信息发送者"还是"信息接收者"呢？

　　随着科技的飞速发展，接下来我们将步入人工智能（AI）时代。那些没有特殊工作技能的人、拥有的知识靠搜索引擎也能搜索到的人，必将被人工智能所取代。所以，要想在未来生存下去，个性、独一无二的知识、技能、经验，将异常重要。

　　正因为人工智能时代离我们越来越近，所以发送信息的价值也越来越大。那些能够发送有益信息的"信息发送者"，将在人工智能时代大放异彩！

信息化社会的结构

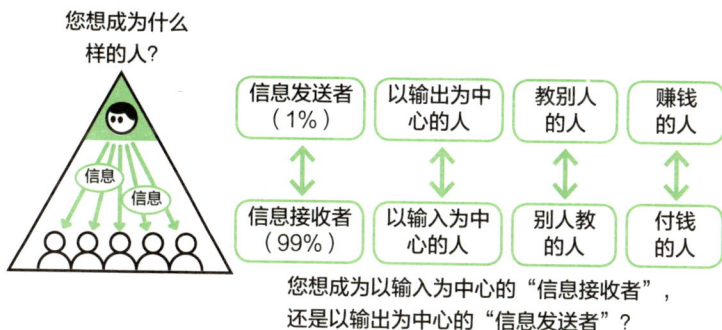

您想成为什么样的人？

信息

信息

| 信息发送者（1%） | 以输出为中心的人 | 教别人的人 | 赚钱的人 |
| 信息接收者（99%） | 以输入为中心的人 | 别人教的人 | 付钱的人 |

您想成为以输入为中心的"信息接收者"，
还是以输出为中心的"信息发送者"？

坚持发送有益信息，
成为人气博主不是梦。

其七　围绕兴趣爱好写文章
Write About a Hobby
自己最热衷的爱好，写成文章最能打动人

　　有的朋友开通了博客，就准备大显身手了，可这个时候却"不知该写点什么""找不到合适的主题"。遇到这样的情况，我建议"**围绕自己的兴趣爱好**"写。

　　拿我来说，我的兴趣爱好就是看电影。我还有一个习惯，每看完一部电影一定会写观后感或影评。看完电影回家之后，我会把自己对这部电影的看法、感想发表在 Facebook、Twitter 上。第二天，或者过上两、三天之后，我会回过头来看之前写的观后感或评论，然后对其进行重新梳理、再加工，写成长文章发表在博客和网络杂志上。

　　因为同样爱好看电影的网友很多，所以写观后感、影评能够吸引很多网友的关注。尤其是当下最热门的电影，写一些自己独到的见解，蹭一下热度，也是增加访问量的好办法。

　　（1）在自己擅长的领域找话题

　　电影、电视剧、动漫、话剧、音乐会等艺术表演；棒球、足球、篮球等体育运动；美食、旅游等休闲话题；电子游戏、网络游戏等游戏主题；明星、艺人等娱乐话题……只要是自己很感兴趣，并且研究很深入的领域，都可以写成文章分享在网上。

　　每个人至少都应该有一样兴趣爱好，而且在这个领域要比大多数人了解得更多更深入。在这个领域，即使您还达不到专家的水平，至少也应该达到"**上高中时全班第一**"的水平。只有拥有这样擅长的项目时，才能写出吸引人的文章来。

　　（2）越深入、越狂热的文章，网友反响越大

　　把一件事情做到极致，可以用深入、狂热来形容。而这样的人在网上一般被称为"大神"。大神一般的事迹，才能引起读者的关注。

　　有些朋友写文章时，很会照顾读者的心情，"我写太深的话，怕很多人读不懂"。因此，为了照顾大多数读者，他们会把文章写得比较浅。结果呢，这种不痛不痒的文章反倒没多少人关注。要写，就写极致的、狂热的、深入的事情。

（3）写"感想""意见""领悟"

围绕自己擅长的兴趣爱好写文章时，还有一个窍门，就是**加入自己的"感想""意见"和"领悟"**。

假如我看了一部电影，然后写篇文章发到网上。这篇文章能引起网友共鸣的地方不是"我看了一部电影"这个事实，而是我对这部电影的感想。如果没有自己的感想、意见，根本不可能引起读者的共鸣。

如果能在观后感中加入自己的领悟就更好了。读者看了我的领悟之后，也能对那部电影产生兴趣，说不定随后他也去看了那部电影。于是，我的文章就影响了读者在现实中的行为。

每当我看到读者如下的回复："桦泽先生介绍的电影我去看了，真的很好看，感谢您的介绍！"就会感到无比欣慰。我的文章能给读者带来积极的影响，也是我坚持写下去的动力。

（4）影响读者的"感情"和"行为"

打动读者的"感情"，影响读者的"行为"，是一篇好文章的基本条件。读者看完之后没有一点触动，没有任何行动上的改变，那写这篇文章既浪费作者的时间也浪费读者的时间。

围绕自己的兴趣爱好写文章的时候，虽说是写自己关心的事物，但如果写出来的文章"只有自己能够理解"，那即使把文章发表在网上，也无法形成信息的传递。因为读者没法接收文章中的信息。

所以，我们在写文章的时候，一定要时常提醒自己："**这篇文章能给读者带来什么价值？**"有了这样的意识，我们的文章质量才能更上一层楼。

做一件事情没有快乐感，就难以长久坚持。为了将输出变成一种习惯，从"写自己的兴趣爱好"开始会更容易入门，也容易坚持，而且也会写得比较深入。

> 把自己的兴趣爱好，
> 写得更狂热一点。

后　记

要让自己的人生向好的方面转变，唯有"沟通输出"一途。

读到这里，估计您早已明白这个道理。

输入与输出的黄金比例是"3∶7"，我在现实中实现这一比例是在40岁过后。随后的十年，我出版了28本书，网络杂志发表了3000多篇，视频动画发表了1500个以上。

如果您比我年轻，那您比我更早地了解了沟通输出的重要性，相信今后的十年您一定能实现飞跃式的自我成长，取得比我更大的成就。

如果您已过不惑之年，也没有必要灰心。我不就是一个中年励志的例子嘛。只要让输入、输出的良性循环运转起来，就能实现最快的自我成长。每天都有"学习""自我成长""新的发现"，每天都会很快乐，结果也会有意想不到的成就来到您身边。

本书中的应用范围非常广泛，绝不仅局限于"学习"和"工作"。说、写，都是人与人沟通交流的方式。所以，说到底，输出方法，也是沟通方法。

如果能够牢固掌握并灵活运用"非语言沟通""自我开示法则""谈判的技巧""赞美与批评"等输出·沟通技巧，您的人际关系会发生好的改变，朋友不断增加，找到理想的伴侣，夫妻关系、亲子关系都会得到改善。

不管您是多么优秀的人，如果不沟通输出的话，周围的人就不可能知道您的"魅力"和"真正的能力"。

把本书中介绍的沟通输出方法应用于实践，您的魅力、能力就会被周围的人看见，您将收获更高的评价、信任和尊重。人际关系变得更加顺畅，人生自然变得越来越幸福。

我作为一名神经科医生，写一本关于"沟通输出方法"的书，到底是出于什么原因呢？我想让更多的人从学业、事业的压力中解脱出来。而解脱的关键就在于"沟通输出"。

如果沟通输出变成了我们的习惯，就会消除大部分过度的紧张和烦恼。我坚信，到那时，患精神疾病和身体疾病的人必然大大减少。

如果我的沟通输出方法能够得到推广，帮助世人减少生病的概率，作为一名神经科医生，我将感到莫大的荣幸和欣慰。

神经科医生　桦泽紫苑

MANABIWO KEKKANI KAERU OUTPUT TAIZEN by Shion Kabasawa

Copyright © shion kabasawa, 2018

All rights reserved.

Original Japanese edition published by Sanctuary Publishing Inc.

Simplified Chinese translation copyright © 2019 by China South Booky Culture Media Co., LTD

This Simplified Chinese edition published by arrangement with Sanctuary Publishing Inc.,

Tokyo, through HonnoKizuna, Inc., Tokyo, and Eric Yang Agency, Inc.

著作权合同登记号：图字 18-2019-048

图书在版编目（CIP）数据

为什么精英这样沟通最高效 /（日）桦泽紫苑著；
郭勇译 . — 长沙：湖南文艺出版社，2019.8（2020.10 重印）
ISBN 978-7-5404-9126-0

Ⅰ.①为… Ⅱ.①桦… ②郭… Ⅲ.①心理交往—通
俗读物 Ⅳ.①C912.11-49

中国版本图书馆 CIP 数据核字（2019）第 056321 号

上架建议：商业·成功励志

WEI SHENME JINGYING ZHEYANG GOUTONG ZUI GAOXIAO
为什么精英这样沟通最高效

作　　者：［日］桦泽紫苑
译　　者：郭　勇
出 版 人：曾赛丰
责任编辑：薛　健　刘诗哲
监　　制：蔡明菲　邢越超
策划编辑：李彩萍
特约编辑：尹　品
版权支持：金　哲
营销支持：傅婷婷　文刀刀　周　茜
封面设计：刘红刚
版式设计：潘雪琴
出版发行：湖南文艺出版社
　　　　　（长沙市雨花区东二环一段 508 号　邮编：410014）
网　　址：www.hnwy.net
印　　刷：三河市中晟雅豪印务有限公司
经　　销：新华书店
开　　本：880mm×1270mm　1/32
字　　数：235 千字
印　　张：8.5
版　　次：2019 年 8 月第 1 版
印　　次：2020 年 10 月第 3 次印刷
书　　号：ISBN 978-7-5404-9126-0
定　　价：45.00 元

若有质量问题，请致电质量监督电话：010-59096394
团购电话：010-59320018